JN288943

知的障害者雇用の現場から

――心休まらない日々の記録

安部省吾

文芸社

はじめに

障害者を雇用することとは？

障害者を雇用するとはどういうことなのか？　私がこの問題にかかわりを持ったのは、一九八〇年代後半バブル景気が始まりかけた頃と記憶しています。その頃、私は本社人事課長の職にあり、当社は技術貿易商社ゆえ、優秀な工学部系新卒の採用に血眼になって全国の大学回りに奔走しているときでした。

そんなある日、本社管轄ハローワークから呼び出しを受け、障害者雇用の促進の話をされました。今とは逆で、世の中はバブルにひた走る様相にあり、法律上の義務違反にあたる雇用率未達成納付金（一種の反則金）を払ってでも、工学部系新卒の優秀な人材の確保が最優先であり、障害者雇用についてはそれほど深く考える余裕はありませんでした。当時はどこの企業も同じだったと思います。しかし、何度か呼び出しを受け続け、雇用促進の説明を受けるうち、その重要性を少しずつ認識するようになりました。

時にバブル崩壊後の一九九〇年代初め、私は神奈川県にある当社伊勢原事業所勤務となりました。度重なる法律上の強い雇用義務の要請を管轄ハローワークから受け続けた私は、人事部の応援を得て、手探りで知的障害者雇用に取り組みはじめました。しかし、私の無知も手伝い、知的障害、自閉症、ダウン症の障害者を雇用しては問題が続発し、長続きせず退職の繰り返しで、障害者の心理を十分理解できずただ時間だけが過ぎていきました。試行錯誤の連続で、どうすればよいか私の悩みは続きました。

しかし、時の経過とともにこれまでの雇用失敗の学習効果を教訓としつつ、なお試行錯誤を重ねながら、二〇〇二年六月現在、私の勤務する伊勢原事業所では知的障害者を雇用して十年が経ちました。ここ数年、毎年新卒を雇用し続けた結果、昨年は新卒、トライアル雇用含め計六名（今年四月、県の委託を含め計八名）となり、一つの形ができました。全員、十八～二十歳代の知的障害者、三名の指導員体制も整え、新たなる出発をしました。

十年の間にはいろいろのことがありましたが、今では全員が生き生きと、当事業所のISO14001（国際標準化機構／地球環境問題の一つ、資源の有効活用等が中心）の仕事に就き、法律上の雇用義務の達成と、雇用に伴う人件費の収支に何とかバランスが取れるところまで近づいてきました。

そこで、私は、このたびお勧めもあり、この一年間の彼らとの笑いと苦難の交流の記録を、一冊の本にまとめてみようと思いました。私は、研究者、ボランティア、教育者、行政、いずれの立場でもない一企業人です。そんな私が、理論と現実のギャップや苦悩を通して体験したこと、及び雇用を通して彼らから学んだことを、これまでつづってきた記録を中心に彼ら一人ひとりにスポットを当てて、ありのままに書いていこうと思ったのです。

企業とノーマライゼーション

私たち人間は、みな異なる顔を持ちます。当社伊勢原事業所で働く人の顔を見ても、性格や個性を見ても、誰一人として同じ人はいません。個性の違う人たちが集まって企業を構成し、企業文化がつくられます。同じように個性の違う人たちが集まって社会を築き、その国の文化がつくられていきます。

そして「障害は個性」という人たちもいます。そういう人たちにとっては、職場の中に障害という個性を持つ人がいても、同じ職場で一緒に働き、仲良く共に生きていくことも至極当たり前のことでしょう。

よく「ノーマライゼーション」という言葉が取り上げられます。その言葉の意味は「障害のあるなしにかかわらず、それぞれ不完全な要素を持つ人間同士が互いに支え合って、一人ひとりが生活主体として自己を主張し、相互に個性を尊重し合う社会」です。しかし、現実の社会、職場に目を向けてみますと、この言葉だけが一人歩きしている、と思うことがよくあります。学問として理論ではわかっていても、そして、理念としては賛同できても、体験として、実感として、正面から「ノーマライゼーション」に向き合うことは並大抵のことではないと思います。少なくとも私にとっては、充実感は伴うものの今も大変な毎日が続いています。

本書は、成功・失敗例を紹介するものでもなければ、何かこれといった理論を紹介するものでもありません。では何なのかと問われれば、「私（たち）と彼らのヒューマンドキュメント」と答えるのが適当かもしれません。「知的障害者の雇用問題」「ノーマライゼーション」を考えるとき、未熟ながらも「私の体験と思い」を記録しておくことで、今後の何かのお役に立てられれば幸いと思いました。

本書でも多少触れていますが、障害者雇用問題は、国、都道府県及び市町村自治体においても重要な課題になっています。この小さな本書が触媒となって、化学変化が起こり、二十一世紀の新しい障害者雇用の道しるべとなれば私にとってこの上ない喜びです。

なお、登場人物は、親または本人の同意書も得ているので最後まで実名表記にこだわったのですが、本人・家族のプライバシー、人権とそれらを取り巻く風土を考えて、苦渋の選択の末仮名にさせていただきました。同意してくれた本人・家族の皆様に心から感謝いたします。

二〇〇二年十一月吉日

安部　省吾

知的障害者雇用の現場から

――心休まらない日々の記録

目次

目次

本文に収録されているプロフィールのイラストは
当事業所で働く石田景子さんの作品です。

知的障害者雇用の現場から

——心休まらない日々の記録

序章　知的障害者とは

理想と現実の狭間で

私の勤務する会社（本社・東京都新宿区）は、半導体などのエレクトロニクス機器関連の商社・メーカーです。私が人事担当者として、障害者雇用に取り組み始めて以来、十年になりました。それが縁で、現在は伊勢原事業所（神奈川県）で、知的障害者職業コンサルタント兼職業生活相談員の任にあたっています。

あまり知られていないようですが、障害者の雇用については『障害者の雇用の促進等に関する法律』が定められており、企業は一定人数以上の障害者を常用労働者として採用しなければならない、とされています。具体的に言いますと、事業主は「企業全体の常用労働者の一・八%」にあたる数の障害者を雇用しなければならないのです。なお、重度身体障害者及び重度知的障害者については、それぞれ一人をもって、障害者二人を雇用しているものとします（ダブルカウント）。また、重度身体障害者及び重度知的障害者に限っては、短時間労働者（一週間の労働時間が二十時間以上三十時間未満）についても、一人の障害者を雇用しているものとみなされます。そのようなわけで、当社でも障害者一・八％枠での雇用が始まったのです。

ところで、当社にとって緩衝材（商品発送用クッション材）は電子部品及び他の商品の梱包に欠かせません。以前は、トウモロコシを原料とした緩衝材を利用し、年間五〇〇万円以上購入していました。一方、日々社内から出される使用済み廃段ボール箱や不要になった書類の廃棄処分には年間三〇〇万円以上をかけていました。そこでこれらの解決策として、一九九九年十一月、緩衝材製造機「リサイクルパッカー」を購入したのです。古紙をこのリサイクルパッカーに入れると自動的に細かく裁断され、指定した重さで袋詰めの緩衝材となって出てきます。現在、この古紙のリサイクル作業と環境清掃及び古紙の分別作業の二グループに分け、知的障害者が担当しています。

何もわからず手探りでスタートしたため、試行錯誤の連続でしたが、ここにきて多少知的障害者雇用について見えてきた感があります。彼らと日々接し、いろいろな出来事を通して少しずつ得ることができてきたのです。昨年までは、主役は指導員や私でした。しかし、一人ひとりの障害を見ていくとき、彼らにもできることがあるにもかかわらず、それはできないだろうと私たちが一方的に決めつけていたことが次第にわかってきました。そこで、現在は大局的観点で、つまり、彼らが主役、指導員や私は原則としてコーチ役・脇役に徹し、彼らの成長に助力・指導するようにしています。

例えば昨年まで私が司会進行していた朝礼は、今は彼らが輪番で司会進行しています。このように主役と脇役を逆転させることは、既存の知的障害者の概念からは一見不可能に見えるかもしれませんが、毎朝の朝礼から彼らの意欲的人格の主体性が見えてきます。その意味で成長する知的障害者概念の創造にチャレンジしてみようと思います。最近では、彼らは朝礼で話す内容を事前に考えてくることを覚え、僅かながらも自信らしきものが見えてきています。

新鮮な環境を提供したことで、私は今、彼らの感性、知性に、変化の胎動を感じています。

知的障害者とは

ところで、「知的障害者」と聞いても、彼らの生活ぶりや定義を知る人は意外と少ないと思います。簡単に説明しますと、『障害者基本法』では、障害者を「身体障害や精神薄弱、そして精神障害があるために長期にわたり、日常生活または社会生活に相当な制限を受ける者を言う」と定義しています。この定義に該当する人のことを日本では「障害者」と呼び、また、障害者はそれを証明する「手帳」を持ちます。それが「障害者手帳」です。日本には一九九八年度現在で約五十三万人（日本障害者雇用促進協会調べ）ほど知的障害を持った人たちがいるといわれています。法律上は「精神薄弱」という用語が使われていましたが、一九九九年四月一日から法律改正により「知的障害」の語に置き換えられ、これに伴い現在、関係者ならびにマスコミも「知的障害」という言葉を用いるようになりました。

知的障害になる原因はさまざまで、発育不全、出産前後のトラブル、乳幼児期の病気や事故、染色体異常など、主に大脳の機能の一部に支障が生じていると推測されています。多くの知的障害者は、難しい文章を読んだり書いたり理解したり、計算したり、記憶したりするといった、たくさんの情報を整理することを苦手としています。その判定方法は、数種類の知能検査によっていて、現在日本では、その検査結果（知能指数／ＩＱ）がおおむね七十五以下の人が知的障害と判定されています。

働く知的障害者の特徴

知的障害者は、障害の程度により最重度、重度、中度、軽度の四つに区分されています。障害者は、「障害者手帳」と呼ばれる手帳を持つことは先ほど述べましたが、神奈川県の場合、その手帳に障害の程度によりＡ１（最重度）、Ａ２（重度）、Ｂ１（中度）、Ｂ２（軽度）と書かれています。戦後、特殊教育が本格的に始まってからは、そのうち中度・軽度（Ｂ１・Ｂ２）の人たちが就労可能と考えられるようになりました。それとともに、社会への参画が可能な能力を身につけるような指導も積極的に行われるようになり、現在、全国で六万人以上の知的障害者が雇用されています。

働いている知的障害者、つまり中度・軽度の人たちの持つ特徴について、『障害者雇用管理マニュアル（知的障害者雇用のためのガイド）』（社会福祉法人　電機神奈川福祉センター「障害者雇用システム研究会」）には次のように記載されています。

「話し言葉を使った意思伝達は、障害をもたない私たちとまったく変わりません。ただし、抽象的で比喩的な表現や婉曲な言回しは苦手です。

漢字・かな交じりの文章の読みや理解は、簡潔でやさしい表現であれば可能です。ただし、漢字については使い慣れたもの以外、ふりがなを必要とする人も少なくありません。

交通機関を乗り継いでの移動や日用雑貨の買い物など、基本的で毎日繰り返しとなる生活能力は十分もっています。ただし、はじめての場所を地図を手掛かりに探し当てたり、高額の買い物でローンを組むなど、経験が少ない活動については、人からの手助けを必要とする場合が多いようです。

明確なきまりやルールを理解し守ろうと努力します。しかし、社内の暗黙の伝統や文化を肌で感じとることを苦手とするようです。たとえば、新入社員が朝礼セッティングをするという伝統は、直接具体的に指示しない限り気づかない場合が多いのです。

得意な領域と苦手な領域の格差が大きい特徴をもっています。数の確認や計算は非常に正確に行うのに、業務日誌には決まりきった貧弱な内容しか記述できない人もいますし、体力測定では良好な腕力を発揮するのに物を運搬する時には力が入らない人もいます。

自分を言葉でアピールし売り込むことは苦手としています。たとえば、やる気があるにもかかわらず、言葉足らずで思いの一部も伝えられない人や、些細なことでも断りきれずにいる人が多いのです。

これらの特徴は、中度・軽度の知的障害者は障害が部分的で軽く、損傷を負っている脳の機能が比較的局部的だからだとも言われています」

このように、働く知的障害者の特徴を挙げていますが、皆さんはこれを読んでどのように感じられるでしょうか。

ここで、二〇〇二年三月十八日の私の記録を紹介します。

出勤途上、四～五メートル間隔の縦一列で、黙々と会社へと歩いている一群を見かけた。

いかにも、不思議な行列である。

バス停で降り、会社まで移動する、当事業所で働く彼らの出勤の光景であった。毎日同じ仕事をしている仲間なんだから、いろいろおしゃべりしながら歩いてもよさそうなものだが、全員同じバスから降りて、全く無言で縦一列で出勤する風景は何とも不思議に映る。

毎朝八時五十分から朝礼が始まる。

彼らはそれまでに作業服に着替え、タイムカードを押し、控室で待機するルールになっている。予定通り指導員も同席する。

私は、「おはようございます」と元気な声であいさつした後、一人ひとりの名前を呼び、声をかけ、返事と顔を見て、その日の健康状態などをチェックしている。

ここで大切なことは、必ず全員の名前を呼び「さん」「君」抜きで声をかけることである。自分が声をかけられなかったり、人により「さん」「君」をつけたりつけなかったりすると、不公平というストレスを溜めてしまうことが多く、それが高じて病気になって休んだり、ひどくなると出勤せず、辞めてしまうこともあるからだ。

朝礼での私の呼びかけに対する元気な返事と笑顔があるのに、障害者間になるとなぜかそれがない。つまり、私なり指導員が間に立って話しかけて初めて返事が返ってくる。それで、彼らだけの出勤の様子は行列のようになる。彼らは自分の心の思いを外部に表現す

◆朝倉浩二君の現在のプロフィール

二〇〇〇年四月新卒雇用。仕事のできるタフな青年で、バイタリティーに富み、二十歳になったばかりです。昼食時などは後輩たちをジョークで笑わせて明るい雰囲気づくりに貢献しています。伊勢原養護学校サッカー部ＯＢ同好会メンバーの大将でもあります。昨年母親を、四十二歳で亡くしましたが、暗さを少しも感じさせず、残業も休日出勤もいといません。休日には、鮮魚店を経営する父をよく助けるがんばりやさんです。

ることがとても苦手らしく、表情からいろんなシグナルを読み取ることが重要になってくる。幸い、彼らは内心の状態を無意識に顔に出すので、それを見逃さず話を聞くことにより、問題を事前に解決することができる。これは、長い知的障害者雇用の中で身につけた貴重な技術かもしれない。

つい最近こんなことがあった。

リサイクル担当のサブリーダーで、入社以来一度も休んだことのない朝倉浩二君が朝礼中、いかにも体調が悪そうに無言のまま下を向いている。私は、

「朝倉！　どこか悪いのか？」

声をかけた。

「ちょっと調子が悪くて」

◆小林伸也君の現在のプロフィール

二〇〇二年三月卒業と同時に、四月から県の委託を受けて当事業所で働いている職場適応訓練生。朝倉君同様、伊勢原養護学校出身です。

在学中はサッカー部に所属して朝倉君とは先輩後輩の関係にあり、今もOB同好会のメンバーとしてさしずめ朝倉君の弟分といったところです。職場でも二人は仲が良く、日々朝倉君に随分助けられています。小林君は生活ホームからの通勤ですが、人一倍明るく素直な十八歳の少年です。共にリサイクル作業を担当していますが、朝倉君に手とり足とり教えられて作業している小林君は幸せ者です。

と元気のない返事。私は、

「調子が悪いなら四階のベッドで休むか。無理せず、今日は帰ってもいいぞ」

と言った。しかし、彼は、

「大丈夫です」

と答え、予定通り仕事を始めた。

デスクで仕事をしつつも、彼の様子がどうも気になった。そこで午前十時頃、彼のいるリサイクルの作業現場へ行った。相変わらず覇気なく仕事をしている。

彼の表情を見ていた。しばらくして、ふと思いついた。

「リサイクル作業の組み合わせが悪いのではないか」

リサイクル作業は二人一組で行うのだが、朝倉君の相手は、定年後の高齢者だった。私はリーダーの佐野君に朝倉君とチェンジするよう指示した。佐野君の相手は朝倉君の後輩にあたる実習生、小林伸也君である。

チェンジ後、たちまち朝倉浩二君に笑顔が戻った。それからは、何事もなかったかのように順調に作業は進んでいく。私は、ほっとした。何と言っても、従業員（障害者）が笑顔で仕事をする姿は、雇用担当の私の心をさわやかにしてくれ、頼もしく嬉しいものである。昼休み、私は再び彼に尋ねた。

「朝倉、体調はどうだ」

「大丈夫です」

と満面の笑顔で昼食を取っている。ちょっとした気配りで、笑顔が戻り、作業効率も上がる。これが現実なんだ、と改めて胸に深く刻み込まれた。

思い出してみると、昨年退職した舟木公平君と岡崎郁恵さんにも同じようなことが何度かあった。彼らを指導、交流する中で、私は多くのことを学んでいる。

この記録の中に、「これは、長い知的障害者雇用の中で身につけた貴重な技術かもしれない」との表現がありますが、改めて読んでみるとこれは適切な表現ではないかもしれません。私が表現したかったことは、私が真剣に接する中で、愛という前提に裏打ちされた信頼関係から生まれた、「洞察力」にも似たものが備わってきたということです。

ところで、先の『障害者雇用管理マニュアル』にもありました知的障害者（中度・軽度の人たち）の持つ特徴とこの記録を比べてどのように思われるでしょうか。私はその特徴が当たっているとかいないとかを論ずることは、あまり意味がないと思います。なぜなら、これはあくまでも一般論であるからです。少なくとも、私は体験上、彼らは非常に個人差が大きいこと、さらに、私及び指導員の接し方で、彼らから何を引き出すことができるかが大きく変わってくる、ということを知っています。

次の章から、私が事あるごとにつけていた記録を中心に、彼らとの交流を通して私の感じたことを率直に書いていきたいと思います。

第一章　トライアル雇用と養護学校生徒の職場実習

トライアル雇用とは

障害者雇用対策として「トライアル雇用」という制度があります。この制度は、企業が障害者を三か月間トライアル雇用として雇い入れることを奨励、支援する事業のことで、本格的な雇用のきっかけをつくり出す制度です。

トライアル雇用に取り組む企業の利点として以下のことが挙げられます。

①受け入れた障害者を必ず雇用しなければならないという雇用予約がない

②トライアル雇用期間中、企業に対して「トライアル雇用奨励金」（最大一人、一か月、五万九〇〇〇円）が支給され、企業の金銭的な負担が軽減される

③「トライアル雇用」の期間が三か月にわたることから、受け入れた障害者の能力、適性を自

社の職場で実際に見極めることができるなどです。

他方、障害者にとっては、期間中一定の賃金収入が確保できるとともに、終了後に引き続き雇用される可能性が期待できます。

いいことずくめの制度のようですが、しかし実際のところ、トライアル雇用はリスクも伴います。

トライアル雇用を経て雇用した石田景子さん、養護学校生徒の職場実習で、雇用を検討している藤沢健介君さらには岡崎郁恵さん（第二章）という当社のケースから、雇用の実態を紹介します。

石田景子さんのトライアル雇用

石田景子さんは当社で四人目のトライアル雇用である。この六月末で三か月になり、そろそろ雇用継続の有無について結論を出す時期にきている。本社人事部と協議中であるが、現場で毎日彼女を見ている私が、最終的に判断し具申することになる。

トライアル雇用は、一般でいう中途採用に相当するものであるが、この中途雇用は採否

◆石田景子さんの現在のプロフィール

二〇〇一年四月トライアル雇用。祖父母が健在で、母親が生活ホームを経営しています。祖父母の影響のせいかとても感情が穏やかで、礼儀正しい二十代後半の可憐な娘さんです。動物、特に犬が好きで散歩を欠かしません。ネコやヤギも飼っておりその世話もしています。また動物の絵を描いたり、ぬいぐるみをつくったり、趣味の多彩な女性です。仕事は環境清掃、古紙の分別作業で、記憶の滞留が短く指導された自分の仕事を忘れることも多々あります。それでもいつも笑顔を絶やさない、明るい性格です。現在体重オーバーで私と競争しながらともに減量中です。さわやかでリズミカルな仕事のために。

の判断が特に難しい。前職でどんな働きをし、どういう指導を受けてきたのかわからないこと、それにそれなりの年齢になり知的能力がピークを越え、これ以上の進歩が期待しにくいことなどを考えると容易に結論を出しにくい。

　私は判断するにあたり、重要な点として「家庭環境」が挙げられると思っている。おおむね家庭環境がわかれば性格、障害の実質的レベルが推定できる。石田さんの場合、「仕事をする」という点からいえば十分とは言えない。しかし、家庭環境は円満と推定できる。特に母親が知的障害者の生活ホームを経営していることが、継続雇用にとっては一つの大きな安心材料になる。

熟考の上、継続雇用してもやっていけると判断し、人事部長の承諾を得て、文書により、母親宛に継続雇用する旨を通知した。加えてトライアル雇用のため所轄ハローワーク、神奈川障害者職業センターへも電話で同様のことを連絡した。石田さんは岡崎郁恵さんが休んでいる間、簡単ではない環境清掃（実は知的障害者にとって環境清掃はとても難しい作業で、これは意外に知られていない）を担当してもらうが、岡崎さんが復帰した場合、緩衝材をつくるリサイクルへ回ってもらう予定である。

特に私は当社で環境に関するISO14001（注）を認証取得していたので『環境問題』をテーマに継続的改善によりコストダウンに結びつく仕事をつくり出し積極的に知的障害者を雇用していきたいと考えている。

その意味では障害者の雇用もますます『能力第一主義』へと変わっていかざるを得なくなるようなときが来ているように思う。

私は雇用にあたり終始このことを念頭に置いていこうと思っている。

私の知的障害雇用に対する哲学は、「一旦雇用を決定した以上、本人が退職する意志を表明する以外、特段の事情のない限り解雇とか本人の意思に反する契約終了はしない」ことです。
それだけに雇用にあたっては、障害の程度や労働能力と仕事の内容を吟味し、ミスマッチの起こらないように慎重を期しています。一・八％の雇用義務からくる雇用の在り方は当社にとって過去のものであり、企業としても、戦力として働ける人であれば、パーセントにこだわらず雇用したいと考えています。

（注・ここで、記録の中にある、当社が認証取得した環境に関するISO14001について簡単に説明します。これは地球温暖化防止（CO_2削減）に関する世界標準化機構のことで、世界中の企業が地球の温暖化防止のために取り組むべきことを倫理的に義務づけた規格システムのことをISO14001といい、土壌汚染、大気汚染、さらに、川、森林、動植物の生態系を守る全地球環境問題のことを指します）

古紙のリサイクルは、森林資源の保護、紙の資源の有効活用になります。また、当社はこの作業を障害者の雇用創出に結びつけました。このように、微力ながらも、未来に向け地球にやさしい環境づくりに取り組んでいます。

藤沢健介君　二度目の実習始まる

企業として人材は欲しいものの、雇用してもすぐに退職したり、労働能力が予想外に低かったり、仕事と性格が合わなかったりした場合、戦力とはなりません。となると、雇用して実際にやっていけるかどうかの見極めが大切となります。しかし、この見極めがまた難しい問題なのです。実習を通して、その人が戦力として働いていけるかどうか判断することになり、養護学校からの新卒で雇用する場合は、必ず実習を三回にわたって行い、その結果を基に雇用の採否を決めています。藤沢健介君に関する私の記録を紹介します。これは、二〇〇一年十一月二十一～三十日に書いたものです。

地元の養護学校の文化祭が十一月十日（土）、十一日（日）で終わった。「案内」をいただいていたが、土、日も所用があり、今年は不参加だった。

十四日（水）からは高等部三年藤沢健介君の二度目の実習が始まった。今回の実習期間は、十一月末までと少し長くしてもらった。雇用ということになれば、リサイクルのほうで働いてもらうことになる。リサイクルにはいろいろな工程があり、一つの流れ作業になっているため、その流れ作業に順応していく必要がある。

「藤沢君は、その流れについていけるか？」

今回あえて実習期間を長めに取ったのは一回目の実習ではこの点に疑問符がついたからである。初回はごく初歩的な作業であり、二度目は仕事に少し変化をもたせ、雇用してやっていけるのかどうかを判断していく重要な期間と位置づけている。

まず、当社のリサイクル作業の流れを説明する。

材料は、不用ダンボール、不用の保存書類、新聞紙、不用コピー用紙などである。つまり不用のダンボールと紙類のブレンドによる緩衝材をつくるリサイクル作業ということになる。

工程は、①社内外から調達した大量のダンボールを、リサイクルパッカーに入るようにスリッター（ダンボール裁断機）にかける作業。②スリッターで裁断したダンボールを大きな箱に入れ、リサイクルパッカーの所まで運ぶ作業。③不用書類についているホッチキス、クリップを取り、ホルダーを外し、リサイクルしやすいように不用書類の整理作業。④リサイクルパッカーに、スリッターにかけたダンボール及び整理された不要書類を入れ、緩衝材をつくる作業。このとき、ダンボールと不用紙のブレンド割合（社内各五〇％ずつ、外販用はダンボール七〇％、不用紙三〇％）は決まっている。さらに、外販用は大（一袋

◆藤沢健介君の現在のプロフィール

二〇〇二年三月伊勢原養護学校卒業。小林君同様四月から職場適応訓練生として当事業所リサイクル作業で働いています。在学中はバスケット部の主将を務めていました。仕事面ではやや消極的なところがありますが、朝礼での発表などを聞いていると、家庭では随分母親を助けているようです。家事、買い物、母親へのマッサージと大変親孝行で、今後仕事にも大いにその積極性が発揮されるよう期待しています。

一七〇g前後)、中(一袋七〇g前後)、小(一袋四〇g前後)の種類をつくる作業がある。⑤ポリエチレン(注・ポリエチレンは焼却処分してもダイオキシンなど発生しない)でできたロールで自動的にリサイクルパッカーから出てきた緩衝材の品質チェック作業。

そのチェックされた緩衝材を大きな袋に一定数を数えながらの袋詰め作業(大五〇個、中一〇〇個、小一五〇個ずつ)。

大体の流れ作業は以上であるが、リサイクル作業のリーダー佐野宗一郎君とサブリーダーの朝倉浩二君はレベル的にはおおむねよく対応している。これに対し、藤沢健介君はこの二人にはとても及ばないというのが第一回目の実習の評価である。今、この記録を書いている時点で、一週間が過ぎているが「雇用可」の心証は得ていない。両君に比べ、彼らの補助的領域を出ないのだ。とはいえ、あと二週間実習が残っている。急がず様子を見ることにしよう。

今日、十一月三十日、第二回目の実習が終わった。

藤沢君の朝夕のあいさつが力強くなってきた。リサイクル作業のほうは、作業をある範囲に限定すれば雇用も可か、との心証を得つつある。

このリサイクル作業に携わるメンバーとして、佐野君、朝倉君に加えダンボールメーカーで働き定年退職した石塚さんを多忙ゆえに委託雇用したので、戦力は強化された。今、リサイクルでは、佐野宗一郎君をリーダー、朝倉浩二君をサブリーダーにしているが、現場のジョブコーチという立場で石塚さんに作業の安全性の確認及び彼らのコミュニケーションをリードしてもらえれば、作業の軽重はあっても、藤沢健介君もこの流れ作業の一員として働いていけるかもしれないが、なお確信ある雇用の心証に至っていない。

もう一人の実習生小林伸也君とともに、計二名を雇用することになると、来年四月からリサイクル担当は四名になる。

このリサイクル作業は、不況の中でも超多忙の日々が続いているが、ジョブコーチの石塚さんのもとに、三〜四人の若い力が結束すれば十分機能するのではないかと期待をしている。

しかし藤沢健介君は今春地元養護学校を卒業したばかりですが、二度目の実習を終えてもなお雇用に関する判断が難しかったため、「職場適応訓練制度」を通して、さらに半年間働いてもらい、雇用の可否を決めることになりました。この「職場適応訓練制度」は、県との委託契約に基づくもので彼の訓練手当は県の負担になっています。小林君も同様ですが、彼は重度判定知的障害者であるため、さらに困難な問題を抱えています。

私は、九月末（二〇〇二年）までには藤沢君、来年三月（二〇〇三年）までに小林君（重度判定）の雇用の可否について判断しなければなりません。

なお藤沢健介君は六か月の職場適応訓練中の「努力」と「進歩」が実を結び、同年十月一日からの雇用を決定しました。

伊勢原市内のエレクトロニクス機器関連の商社が、社内から大量に出る古紙をリサイクルしながら、知的障害者の雇用拡大を図る一石二鳥の取り組みを進めている。古紙を緩衝材に生まれ変わらせる作業を知的障害者に任せることで、長引く不況で圧迫され続ける雇用の場を創出する狙いだ。環境に負荷をかけないための新たな取り組みは、この作業を任された二人の知的障害者の心に誇りもはぐくんでおり、経費削減と合わせた"一石四鳥"の効果をもたらしている。

（秦野支局・平川　明美）

古紙リサイクル事業　伊勢原の商社

障害者を雇用　誇りはぐくむ

伊勢原市鈴川にある伯東株式会社（本社・東京都新宿区）伊勢原事業所は、半導体などのエレクトロニクス機器関連の商社・メーカーだ。

同社にとって緩衝材は電子部品の配送に欠かせない。以前はトウモロコシを原料とした緩衝材を使用していたが、年五百万円もの経費がかかる上、こん包する際に脂粉が飛ぶため、従業員に不評だった。

一方、日々社内から出される段ボール箱や不要になった書類の処分も悩みの種の一つで、その処理費用にも年三百万円を投入していた。

これらの解決策として同社は一九九九年十一月、緩衝材製造機「リサイクルパッカー」を導入した。古紙を入れると自動的に細長く裁断され、六十㍑入りと百二十㍑入りの袋詰め緩衝材となって出てくる仕組み。

価格は一台約一千万円と高価だが、同事業所部長代理の安部省吾さん(五五)は「緩衝材購入費と古紙の処理費用を合わせてこの一年だけで八百万円を取り戻したことになる」と胸を張る。

この古紙のリサイクルと経費削減という役目を担当しているのは、ともに県立伊勢原養護学校(同市石田)を卒業した松田一幸さん(三五)と片倉忠さん(一九)の二人。

経費削減など"一石四鳥"

大量の伝票や書類をファイルから外した上、ホチキスなどの金具類を手で一つずつ取り除き、段ボールはあらかじめ一定の大きさに裁断、別々の紙の量が偏らないようにうまく"ブレンド"させながらパッカーにかける毎日だ。

二人は一日二千袋、この一年で既に三十万袋以上の緩衝材を作った計算になる。秦野市内の物流センターに百二十㍑入りだけを一袋九円で、月約九千袋販売しているが、社内で使う分だけでも生産が追いつかないほど需要は高い。

二人はそれぞれ「地球にやさしい仕事をしているんだという誇りが持てる」「環境保全に一役買っているという手ごたえがある」と笑顔を見せる。

この取り組みが功を奏し、二〇〇〇年二月に環境改善に関する国際規格「ISO14001」の認証を取得したことも、仕事をする上での自信につながった。

「ただ与えられた作業をこなすのではなく、仕事の意味を自覚して働くことが大切だ」と安部さん。今年春には同養護学校の卒業者を新たに一人採用する計画で「古紙同様、社内から出るアルミや鉄くず、廃プラスチックなどのリサイクル化を進めながら、障害者の雇用を拡大していきたい」と意気込んでいる。

リサイクルパッカーを使って古紙を活用した緩衝材作りに取り組む＝伯東株式会社伊勢原事業所

当社で働く知的障害者のリサイクル作業を
紹介する神奈川新聞（2001年１月４日付）

第二章　結婚退職？　岡崎郁恵さん

お腹が痛い、胸がドキドキする

既に退職してしまった人（二〇〇一年十月十五日付）ですが、岡崎郁恵さんのことには触れずにはいられません。彼女は、二〇〇〇年にトライアル雇用を通して雇用した二十代後半の可愛い女性です。書面上の退職理由は「結婚退職」でした。母親の話によると、休職中、以前から交際していた男性と親の同意を得ず結婚の約束をし、無断で家を飛び出したとのことです。母親にとっては寝耳に水で、狼狽しきりだったようです。

私の記録の中から、彼女について記載したところを抜粋して紹介します。

順調にスタートしたと安心したのも束の間（今日は二〇〇一年四月四日）、岡崎郁恵さんが昨日今日、二日連続で会社を休んだ。理由は、風邪とのこと。

　昨年トライアル雇用を経て採用したのだが、精神的に好不調の波があるのか、よく休み、仕事の予定がうまく立たない。本当に風邪かどうかわからない。いつもの欠勤の理由は、頭がボーッとする、お腹が痛い、吐き気がする、胸がドキドキして気持ち悪いなどである。よくその時々の理由があるものだとむしろ感心してしまう。

　最近休みが少なくなり、良くなってきたと喜んでいたのに、また、休みが多くなった。精神上の疾患（そううつ的症状）があるのではないかと考えてしまう。

　気分の良いときは明るく元気で清掃もリズミカルにする。それが指導員にちょっと注意または指導されると、日によって異なるが、前述の理由を訴え、「お昼で帰りたい」と言うこともある。日によって精神の安定度が著しく異なる。

　母親と話し合いを何度か持ったが、家庭では頑固で手がつけられないこともしばしばあるという。私が会社で接する岡崎さんの姿からはとても信じがたい。

「岡崎が休めば他の人に負担がかかり、迷惑するから土日はよくそのことも考え、日曜日の夜は早めに寝ることだよ」

　噛んで含めるように諭す私の言葉に彼女は素直に耳を傾けるのだが、その効果は長続きせず、一か月もするとまた同じことの繰り返しになる。

今まで、欠勤したことに対して、一度の「すみません」の言葉も聞いたことはない。今後どのように指導していけばよいのか考えが浮かばず模索が続きそうだ。もし、精神上の疾患（そううつ的症状）もあるとすれば、どういう対応をすればよいか、外部の専門機関とも相談しなくてはならないだろう。

従業員の当日欠勤は、仕事上、周りの人に負担をかけます。まして、あまりに頻繁に起こると、健康上の問題なのか、それ以外に問題があるのかも心配になりますし、何か対策を考えなければならなくなります。

この四日後、四月九日（月）の私の記録には次のようにあります。

岡崎さんが出社してくれていることに、かすかな希望を抱き、早めに会社に着いた。元気で全員が揃うことが、私の毎日の願いになっている。

控室に入るや彼女を探す。が、姿はない。思わず他の人に、

「岡崎郁恵は来ている？」

と訊ねる。しかし、誰も会っていないという。朝礼後むなしく自分のオフィスに行く。しばらくしてから彼女の母より、風邪がひどく熱も高いので休ませてほしい、との電話

があった。内心ほっとした。病気なら仕方ない。嘘でなければ私は安心する。
後日談になるが、岡崎さんはこの週全部休む結果になった。そのため指導員が彼女の分の仕事を担ってくれたので、仕事に支障は出なかった。

彼女の症状は、私（たち）への心の不安のサインだったのですが、当時の私にはそれが何かを見抜くことはできなかったのです。言葉で上手く表現できない彼女の思いを察し、理解し、対処することができなかったことに、私のいたらなさへの悔いと無念の思いが強く残っています。
その後も、彼女は出勤したり欠勤したりを繰り返しました。しかし、これ以上、見守っていても変化は期待できなかったので、思い切って保護者に相談することにしました。

保護者への手紙

岡崎郁恵
保護者殿

前略

梅雨の季節というのに真夏を思わせる天気でこれも異常気象の現れでしょうか?

さて、手紙を差し上げたのは郁恵さんの健康についてです。五月三十一日お昼時のこと、胸がドキドキして気持ちが悪く吐きそうになったと本人が言うので血圧及び脈拍を血圧計で測ったところ、血圧は正常でしたが脈拍は驚く数字を記録しました。その数字は一〇〇です。念のため、手で脈を数えようと手首で測ってみましたがあまりの速さに途中で止めてしまいました。走った後の脈拍よりも早いのです。本人は以前からもあったとのこと。パニック症候群と医者に言われたと言っています。

六月一日に二十四時間ホルダーで心電図を測ったと聞きました。その結果を待ちたいと思いますが、診察時に、診断書をもらってください。心臓疾患がなければよいのですが、会社で気持ち悪いと言う本人の症状は、記録を見ると月の後半の木曜日が多いようです。

なぜかはわかりません。心因性のものなのか心臓そのものの疾患なのかこの際しっかり検査して原因を究明しておきましょう。結果がわかり次第お知らせください。診断書と共に持参願います。以上よろしく願います。

草々

二〇〇一年六月四日

伊勢原事業所　安部

休職

六月十八日、彼女の今後について、私、本人、保護者の三者で、診断書を基に話し合うことになっていましたが、その日も彼女は来ませんでした。

今日、母親と一緒に来所するはずだったが、面談に来たのは母親一人だけだった。母親の話によると今朝も気持ちが悪く、おかゆさえも口にしないという。私が岡崎さんの保護者に出した手紙に対しての返事と、医師の診断書を基にその診断の内容と休み中の家庭での症状を聞いた。

自宅近くの病院での診断書は「異常なし」であった。しかし、「異常なし」はおかしい。胸が苦しい、気持ち悪い、吐き気がする、脈拍が異常に早い、食べられない、こういうことが仕事中、家庭にいるときも含め、過去何度も起き、現在も起きて会社に来られないというのに「異常なし」との診断書である。母親も私と同じ考えだった。私は母親に言った。「この診断書は私が預かっておきますので、もう一度大きな大学病院で検査してもらいましょう。これだけの症状が出ているのに異常がないというのはにわかには信じがたいです。

大切な娘さんにもしものことがあったら命取りになることだってあります。体調を崩しながら働くこと以前に、過去及び現在の症状に対して徹底的に検査し、働くのはその上で医師の所見を基に考えましょう。それまでは、無理な出社は控えてください」

母親は納得し、同意してくれた。母親曰く。

「大学病院が近いのでさっそく予約を取り検査してもらうことにします」

以前、岡崎さんに聞いたことがある。

「前の会社でも、気持ち悪くなったり、吐き気などがあったのか」

岡崎さんは、

「あったけど胸が苦しくなったり脈が早くなったりしたことはなかった」

と言う。私はこれまで岡崎さんの症状を精神疾患のようなそううつ的なものかと思い、あまり気にしなかった。気持ち悪くなり帰りたいと言えば、そのとき帰せばよいと指導員に指示を出しておくに留めていた。しかし、胸痛、頻脈と、もう放置できず、母親に来所してもらい話し合いになった。

当分彼女は出社できないので補充が必要になった。幸い、リサイクル作業でトライアル雇用中の女性がいる。正式に雇用し、働いてもらうべく本社人事部と調整検討している。

まさに、一難去ってまた一難、心の安らかなる時のない日々に追われる毎日である。

◆岡崎郁恵さんの当時のプロフィール

二〇〇〇年十一月トライアル雇用。二十代半ばのとてもかわいい女性でした。父親がとても可愛がって育てたためわがままに育った、との話を母親から聞いたことを記憶しています。見たところとてもきれいな女性でしたから、郁恵さんと結婚したいという健常者が現れるのは自然なことだったかもしれません。出勤姿も、迷彩帽子をかぶりジーンズに携帯電話ととてもお洒落な現代っ子でした。わがままな点は、会社でも勤務態度の特記事項として指導員の報告書に記載がありました。家庭環境の大切さを改めて感じます。

以前、会社での彼女の症状を見たとき、異常なしはあり得ないと思い、より精度の高い検査が必要と考えて、母親に再検査を勧めました。「異常なし」という診断結果に対し、母親と私の意見が一致したこと、再検査に同意してくれて大変嬉しかったことを覚えています。医学的なことはわかりませんが、自分たちが見る彼女の症状から、医者の診断には納得がいかなかったのです。家庭と同じ意見、つまり、連携が取れたことは担当者の私にとっては大きな喜びでした。

この章の冒頭に述べた通り、結局、

彼女は十月十五日に退職しました。

大学病院の精神内科医の診断によると、彼女には精神障害のほかに人格的幼稚性があるとのことでした。私の通院している病院の精神科の医者の話では「人格的幼稚性とは、人間が子どもから大人へ成長していく過程で部分的に人格的成長が何らかの要因で遅れてしまうこと」とのことでした。

医学的に詳しく説明はできませんが、彼女と日々接してきた立場から見ると、少しわかるような気もします。仕事中、少しでも清掃の仕方を教え、改めようとすると、「しかられた」と受け止めてしまうのです。心が動揺してパニック状態になり、気持ちが悪いと訴えることが多いようです。どう指導すべきかと指導員から相談を受けたことが何度かありました。また、家庭では、母親の言うことをなかなか聞かず、母親自身もどうしてよいかわからなくなるときが日常的であったといいます。しかし、病院から処方された薬を服用中の間は、安定していました。

このように、精神的に不安定な状態で毎日一定時間働くのは難しいのかもしれません。改めて思うことは、重複した障害を伴っているときの、症状に対する判断の難しさです。医者でも先の見通しのつかないこのような場合、企業としてどう対応すべきか雇用の維持と安全の立場から出口の見えない困難な課題に直面し天を仰ぐ日々でした。

そんな矢先十月から「休職扱い」とし契約を更新したばかりの十月十五日、結局退職という結果になってしまった。

何度も母親に会社に来ていただき話し合いを持ち、母親の気持ちが十分わかっていただけに出会いの無常の風を見たような思いでした。

第三章　生活環境が彼女を変えた　丸山美由紀さん

健康管理

丸山美由紀さんは、二〇〇一年三月地元県立養護学校を卒業した、今年十九歳の女性です。その彼女が生活ホームに入ることになりました。生活ホームは、どんな障害者も地元で、彼らなりの自立を果たし、心豊かな地域生活を営めるよう、社会福祉法人、または地域の方が、国または自治体の助成のもとに障害者たちの生活を支えるべくつくられたものです。

事の起こりは、「彼女のそばに近づくと異臭がする」ということからでした。働く前提としての健康管理のあり方、彼女にとって一番よい方法とは何かを考え抜いた末の決断が「生活ホームに入る」というものでした。

ゴールデンウィークが終わった。七日（月）に全員集合したところで、朝いつもの通り朝礼を行った。一人ひとりの元気な顔を見てホッとする。

ところが午前十一時頃、丸山さんが清掃中に突然、咳込み、吐いた、と指導員から報告があった。

連休前より、熱はなかったものの軽い咳があったという。

私は、すぐ帰宅を命じ、医者に行くよう指示した。

翌日、病院に電話し、病状を聞いた。医者曰く、

「風邪をこじらせたようです、二、三日安静にするように」

との話だった。休暇中、健康管理は十分ではなかったのだろうか、ゴールデンウィーク明けの初日から頭を悩ませる。

私は母親に電話し、医者のアドバイス通り、三日間休んで風邪の治癒に専念するよう伝えた。企業が、彼らの職場での安全と健康を最重要視して雇用に取り組んでいても、家庭との連携が上手く図れないと十分な効果は望めない。『職業生活相談員』の立場から、家庭の中にさらに一歩踏み込んで、家庭においても自立していくべきことを指導していかねばならないのだろうか。企業で働いている時間内だけでは、彼らの私生活をも含めた自立への助力を行うには限界があると考えざるを得ない。九年近くの経験を通してそう思う。

母親に会社に来てもらい、どのような家庭生活なのかを探り、さらには指導をしていくべきなのかを話し合おうとも考えたが、今年の新卒雇用ゆえ、まずは地元養護学校進路指導の先生に家庭訪問を依頼した。

翌日、先生から家庭生活についてお聞きしたが、家庭そのものにも問題のあることがわかった。丸山さんの住んでいる社宅に近づくと、異臭がするほど家が汚れているということだ。

改めて、どう接していったらよいのだろうか、と考え込んでしまった。

実際に彼らと接していくと、現実に起きることと書籍や新聞雑誌で読むのとでは、大きな違いがあることがわかる。きれいごとでは済まされない現実がそこにはある。そして、そのギャップの大きさに、深い溜息が出てしまうことが多い。

どこの企業も雇用の現場は同じなのだろうか、そんな疑問も浮かんでくる。

とにかく、丸山さんについては日常生活の最低限の基本から指導していかざるを得なくなりそうだ。この指導により、少しずつでもよいから、基本的生活習慣が身につき、家庭生活も含め進歩の跡が見えれば、自立への足がかりとなるのではないかと期待を持っている。

　彼女の場合、働く前提としての健康管理から始める必要がありそうだ。

働く前提となる、基本的生活習慣と健康管理の問題は、決して彼女一人の問題でなく全員に共通の問題です。それも家庭との連携を重視していかなければならない問題です。

五月某日、指導員から丸山さんについてある話が出ました。

そのときの記録を紹介します。

　丸山さんの件については、環境清掃のチーフ指導員をしてもらっている多田さん、及び丸山さんを直接指導してもらっている西村さんと協議した。まず、衣類の洗濯を自分でする習慣を体で覚えさせるべく、会社近くに住む西村さんの家の洗濯機を使い毎日練習するように協力をお願いした。丸山さんのそばにいくと、体臭ではない何かいやな臭《くさ》いにおいがする、ということからこの話は始まった。

　丸山さんが毎日着ている衣類からではないかという西村担当指導員の話だった。事実毎日同じ下着を洗濯もせず着てくる上、風呂にもまともに入っていないようだったことによる異臭と後日わかった。ハウスダストではないかとの話もあったが、まず毎日着用する肌着も含め衣類の洗濯からということになった。

知的障害でも、知能のどの部分にどの程度の障害があるかにより、外形的に現れる知・情・意の強弱が異なり、障害の現れ方の個人差が激しい。現在、当社は最低賃金除外認定知的障害者の賃金はかなりフラットであるが、今後、賃金改定時に再検討も必要かと考えている。但し、現在設定した時給を下げることは考えていない。雇用者数が少ないうちはまだ良いかも知れないが、多くなると公平を期する観点からも賃金格差は合理性を有するのではないかと思う。

知的障害者の精神（知覚、記憶、理解、表現、行動）は実にアンバランスである。神から与えられた人間の不思議さを思う。

今回の丸山美由紀さんの件は、私の理解を超えた多くのことを教えてくれた。

十九歳前後の女性であれば、自分の下着や衣服の洗濯はあたり前だとふつうは思います。しかし、彼女の家庭は、母親が生活のために働くことで精一杯で、障害を持つ彼女に洗濯などの家事をしつける時間的・精神的ゆとりは実はなかったのです。そこでどうするのがよいのかを考えることになりました。母親を責めることはできませんでした。

丸山美由紀さん、生活ホームに入る

母親、養護学校の先生、指導員、私の四者で相談した結果、生活ホームに入ることが一番いいだろうということになりました。益々暑さが厳しくなる七月のことでした。私の記録には次のようにあります。

今年春、地元県立養護学校を卒業した丸山さんが生活ホームに入ることになった。入浴や洗濯を含めた基本的日常生活習慣の確立にはどうしたらいいかを養護学校の先生、指導員、私、母親で考え抜いた末の結果である。

ここに至るまでにはそれなりの経過があった。事前に、養護学校の先生に丸山美由紀さんの家庭訪問をお願いしてあった。

先生の話によると、子どもが四人（社会人一人を含む）いて、生活のため母親もパートで朝早くから夜遅くまで土、日も休まず働いているという。つまり、母親は、美由紀さんも含め三人の子どもを育てるため必死なのだ。

ふと、私は自分の小中学生の頃を思った。私は早く父と死別し、母子家庭で育った。母は五人の子どもを育てるのに丸山美由紀さんの母親と同じように、朝から晩まで、雪の降る寒い日でも、一日一二〇円（当時パン一〇円）の賃金のため毎日働いた。貧しさゆえに生活扶助の話も出たが、私を含め小中学生の兄弟姉妹はそれを結束して断った。私たち五人は全員母を助けるべく、家庭内外の仕事はいつも子どもたちで分担したものだった。

今も昔も母親が子どものために必死に働く姿は変わっていない。丸山美由紀さんと私の子どもの時との違いは、唯一、彼女は重度知的障害者であるため、家事など母親を助ける仕事ができないということであろう。彼女の母親は仕事に追われ、子どもたちの日常生活を見る時間すら持てないのである。その状況は、私の子ども時の母親の姿とダブるだけに、手に取るようにわかる。

そこで、母親に丸山美由紀さんの生活ホームへの入居の是非について話し合うために会社に来てもらった。彼女の母親から、休む時間がなく働いている様子を直接聞くことができた。

◆丸山美由紀さんの現在のプロフィール

二〇〇一年四月雇用。ダブルカウントではあっても働くことにかけてはガッツの塊のようで、体調が悪くともまず会社を休みません。たくましく元気な女性で、仕事でも進歩の跡が見えます。生活ホームに入ってからは生活習慣が一変しました。少しずつですが成長しています。言葉がかなりはっきりしてきて感動しています。ここまでくるとダブルカウント判定などあまり気にしなくともいいようです。よく仕事をし、よくケラケラ笑う、明るい娘さんに変身しています。最近はマニキュアなどもしてくるようになり、おしゃれも覚えてきました。仕事とお金というもの、有意義に遊ぶことの楽しみを覚えてきたようです。母親もきっと我が子の成長を喜ぶことでしょう。

「毎日これだけ休みもなく、働いていれば、家庭のことなどできないのは当然だ。生きることに精一杯なのだ」

私は彼女の母親に一種の感動を覚えた。

会社での清掃作業にも指導員の指導を必要とする美由紀さんは、家庭において母親代りになって家事ができないことも容易に想像できる。

　そこで、私は先生と一緒に、美由紀さんの生活ホームへの入居を勧めた。

「美由紀さんが自立し、自活していくためには、この方法が一番よいと思うのですが、どうでしょうか」

　と話を切り出した。母親は、静かに黙って考える。心中察するに余りある。私も沈黙のまま、ただ母親の返事を待った。

　しばらくして、母親が口を開いた。そうするのが我が子にとっても一番よいでしょう、とのことであった。そこで、私は作業中の丸山美由紀さんに部屋に来てもらい、母親のいる前で生活ホームに入居することを勧めた。彼女にとっては、突然の話である。驚きは隠せない。下を向き、しばし涙ぐむ。

　私は、何とも言えない気持ちになった。

　母親は、静かに彼女にことの経緯を説明する。しばらくして、彼女も同意した。

　仕事に追われて母親は面倒を見られない状況である。日常の基本的生活を生活ホームの世話人から教えてもらうことが、今彼女に最も必要なことだろう。後々の自立生活に必ず役立つと思う。

憲法二十五条第二項に、「国は……社会福祉・社会保障……の向上及び増進に努めなければならない」と記されていますが、現在、福祉が国県市の助成のもとに『生活ホーム』という形で制度的に保護されるようになっていることに改めて感慨深いものがあります。

制度に不備な点は多くありつつも、丸山さんがこうして生活ホームに入り、この基本的権利を享受できるのも、この憲法二十五条（生存権の保障）のおかげです。大学で法学教育を学んだ私にとって、卒業して三十数年後の今に至り、憲法の重みと価値を実感できることは、感泣の至りというほかありません。

今、丸山さんにとって全く新しい生活ホームでの暮らしが始まっています。これを機に自立と自活に向け頑張ってほしいと期待しています。また、この丸山さんの生活ホーム入居のために、奔走してくれた麻生先生にも感謝の気持ちで一杯です。

第四章　車の免許も取ったが……　本多純平君

目に見えてこない成長

岡崎郁恵さんもそうでしたが、表現や行動の伴わない成長は外からはわかりにくいものです。本多純平君は、丸山美由紀さんと同じく、地元養護学校を卒業後雇用した、今十九歳の男性です。彼らを迎え入れて約十か月経った二〇〇二年一月末の記録を紹介します。

本多君も丸山さんも、昨年四月の地元の養護学校新卒雇用者である。

本多君は入社後、車の免許をも取得した。また、昼の休み時間は、一般の本または英語の本を読んでいることが多い、読書好きである。彼の障害の内容は非常に興味深い。即ち、人間の脳における行動形成過程は①知覚→②記憶→③理解→④表現→⑤行動と分解できるが、その中で①②③は健常者に属すると言ってもよい。しかし④の表現の過程に著しい障害があり、かつ⑤の行動自体が超スローなところに彼の特徴がある、しかも、話をするとなると口に手を当て、またはタオルで口を押さえ、あとずさりしながら、聞き取れないような小さな声で単語を並べるだけで、何を言っているのか聞き取れない。いきおい耳を本多君の口元につける毎日である。

ある夜、本多君の家に電話をした。

「はい、本多です」

とドスの利いた声。

「本多か！」

と思わず言うと、

「はい！」

と返ってきた。家では普通の声が出ると親から聞いてはいたが、電話口でごく普通の肉声を初めて聞いた。会社ではとても信じがたいことである。

私は驚き、どうして会社ではあの声が出ないんだろう、と考えてしまった。

後日、私は本多君に刺激（インセンティブ）を与えてみることにした。

「本多！　家での声を会社でも出せるようになったら、本多の大好きな天体望遠鏡をプレゼントしよう」

本多君は、星座を見るのが大好きという趣味を持っているのを知っていた。この話をしたのが昨年五月。時は過ぎ今、年が変わり一月、まもなく一年近くになろうとしているが、④については結果として良くなるどころかむしろ後退しているように思える。この間、何度もインセンティブを与え続けてきたが、その効果は今のところないようである。

他方、丸山美由紀さんだが、返事もあいさつもできず、私から特に声をかけて初めて鈍く反応してくる。しかし、体力的元気さは十分あり、休まず会社に来るので、この点評価したい。

「丸山！　口をもっと大きく開き、胸を張り、大きな声ではっきりと元気にあいさつしよう！」

とポンと丸めた背中を叩き、インセンティブを与え続けてきたが、本多君同様効果のほどは、良くて入社時と同等、もしかしたら後退しているようにも思う。

二人は同期入社、まもなく一年になろうとしている。

新卒ゆえ何とかこの一年で、少しでも進歩の跡が見えれば、私の心血を注いだこの努力にも一点の光を見いだすことができたかもしれないが、現在のところ私の思いはまだ届いていない。

雇用する以上、微量ながらも進歩を期待し続けてきた一年だが、その克服の困難さを改めて知らされる思いだった。

いつだったか、養護学校の進路指導の先生とケースワーカーの方との懇談の中で「障害者は一般の人たちより加齢が早いケースも時々ある」という話が出たことを思い出した。

今、二人とも十九歳。医学的に、現状維持が精一杯なのだろうか。そして数年後には加齢が始まるのだろうか。でも、諦めずインセンティブを与え続けていこうと思う。常に脳（海馬）に刺激を与え続けることで、生理的に刺激され、脳が微弱ながらも活性化されていくのではないか。困難を承知の上と思いつつも続けていこう。

お母さんからの手紙

ここで、本多純平君の母親からの手紙を紹介します。

いつもお世話様です。

◆本多純平君の現在のプロフィール

二〇〇一年四月雇用。これほど不思議な知的障害者もめずらしい。朝倉君の一年後輩で同じサッカー部OB同好会のメンバーです。朝倉君からは「本多物知り博士」とまでひやかされています。昼の合間にこっそり勉強して車の免許を取ってしまったり、星座にも明るかったりと、能力自体は部分的に健常者に近いものがあります。多趣味ぶりにとても興味深いものがありますが、言語による表現、行動について改善の跡が見えないのが気になります。この部分だけ途端にダブルカウント的障害者になるのです。部分的精神障害ということがあるのかもしれません。でもいつもスマイルを絶やさないところがいいところです。

先日は、励ましのお言葉を頂きまして、本当にありがとうございました。

感謝の気持ちでいっぱいです。

日頃からなるべく自分の言葉を出させようとして私どもは、口を出さず本人に声を出させるよう試みています。タオルもハンカチも口元から取れて、口に手を当てる事も無く、仕事をしてるのだけど、無意識にしているかも知れないと言ってました。無意識なら意志を持って、ハンカチ、タオルを口元に持っていかないよう努力して欲しい事を、言い続けているのですが、少しは改善されているものと信じたいです。

貧血気味もあって、朝はとても弱いのですが、今までより早く家を出てますので、伊勢原駅にて一台前のバスに乗れていると言ってました。本人の言ってる言葉を信じ暫く様子をみようと思いますので、ご指導のほど、宜しくお願い致します。

先日、療育手帳（神奈川県の呼称）の更新テスト日が決まりましたので、お休み頂きたく、重ねてお願い申し上げます。

三月十八日　月曜日です

今後も、純平とともに、私も努力して行きたいと思っていますので、どうか宜しくお願い致します。

本多純平　母より

安部　様

母親からのこの手紙を読んで、その願いが同じであることがわかりました。

本多純平君は成長するものと、楽観的に考えて、インセンティブをこの一年間与え続けてきました。ところが私の予想が甘かったのか、この記録をつづっている今では非常に難しい問題と感じています。家庭との協力のもとに少しでも目に見える形で、

「本多！　変わったなー」

と言えるように、今後も努力していこうと思います。

丸山さんは、この記録では成長していないと書いていますが、逆に今は仔細に観察してみると、しゃべり方がはっきりしてきたなど、部分的にではあるものの進歩の跡が見受けられます。今後共、さらに成長するように指導していきたいと思います。

こう書きながらも改めて、本多君の障害克服の根っこはどこにあるのか考える時間が無意識に多くなっています。

他の七人は目に見える形で個人差を伴いながら人間として成長しているからです。私はなぜか彼の二年前の養護学校高等部三年時・職場実習日誌を今も手元に置き、何度も読み直しています。

このときの家庭との連絡事項を紹介します。

◆二〇〇〇年六月十三日　私から家庭へ

驚いたことがあります。今回の目標に「口に手を当てず話すこと」と考えていたのですが、初日にそのことを話したらすかさず口に手を当てず話してきた。声はまだ小さいが前回の実習時に比較し、この進歩は目を見張るものがあります。さすが本多君です。やればできることを証明した。以後何回か会話しているが口に手を当てません。誰でも、がんばれば進歩するものと改めて感じ入るものがありました。掃除も嫌がらずにやっている。本多君にはいろいろのことをやってもらう予定ですので、今回は掃除とリサイクルの両方さらには電動芝刈り機で芝刈りもやってもらうかもしれません。ただしこれは雨が降るとできませんのでお天気次第です。

この度は二回目ですので大分慣れてきているようです。この二回目の実習も実りあるものにしていきたいものです。ご両親の一段のご協力を願います。

昨日の帰宅時間は十七時三十分頃だったようですが、未だ実習中の身ゆえ十分注意してまいります。

それにしてもこの雨中駅から歩いて会社まで通っていること根性があり感心します。

◆同年六月十四日　家庭から私あてへ

安部さんのお言葉と励ましに、心温まる思いで、いっぱいになりました。何回も読み返して思わず涙があふれてしまいました。本当にありがとうございます。

◆同年六月二十三日　私から家庭あてへ

本多君、二週間の実習ご苦労さんです。

本多君は二度目だから当社の実習の内容は理解していたと思うので、本人自身自然に入れたのではと思います。サッカーの同好会のメンバーでもある朝倉君もいることだし。

本多君の問題点はただ一つ「声を出したコミュニケーション」がどこまでできるかということですね。手を口に当てることが一回目の実習時よりとても少なくなり進歩の跡が見えます。これからはさらに「声」をいかに大きく出せるか本多君の努力を期待するとともに、両親、学校の指導を期待したいと思います。コミュニケーションは企業で働いていく上で極めて大切なことです。このことを常に意識され次の実習に結びつくこと期待したいものです。

この度の実習ご苦労さんです。

◆同年六月同日実習最終日　家庭から私へ

この十日間の体験は、また一歩順平を成長させてくれた事と信じます。皆さんの励ましとご指導に感謝致しております。ありがとうございました。

母子、共に進歩して行きたいと願っています。

このあたりに本多君の課題克服のヒントが隠されているような気がしてならないのです。当時を思い出しても、家庭との連絡事項に書いてある通り進歩が目に見える形であったのです。

雇用後の私の指導に問題があったのかとの思いもあります。家庭との連携が十分取れていないことが原因なのかと思うこともあります。

働くことを通して知的障害者の自立に向けた指導をするとき、一人ひとりの先天的個性、性格、それに後天的家庭環境因子に十分配慮しながら行わなければならないところに、指導の難しさがあります。本多君は家庭で普通に出る声（親の話）が、一歩外に出ると精神的に緊張してしまい、ほとんど聞き取れない声になってしまいます。

他人が見ていると仕事中に歩くときもカニの横歩きのごとく小走りになり、助言すると一度とまり、バックして後ろに歩いてしまう。指導員からは背中を押されるようにして前に進む。

しかし仕事自体は遅いが、しっかりとする、書かせれば名作になる。

先日、母親に電話し、会社での現状を話し、一度大学病院の精神科で診断することを勧めました。

この診断の結果に本多君の課題を克服するヒントがあるかもしれないと思ったからです。角度を変えいろいろの心理学的見地からアプローチしていますが、現時点で養護学校生徒実習時点より、外形的には後退しています。

にもかかわらず、私は家庭と密接に連携しながら彼の課題の克服に努力しようと思っています。

なぜなら他の七人全員がわずかではあっても確実に成長しているからです。

第五章　新卒雇用者三人への指導

出張中でも頭から離れない

知的障害者の雇用担当者の多くがそうだと思いますが、私は二十四時間三百六十五日、いつどこにいても、彼らのことが脳裏から離れることはありません。

今日（五月十一日）、急拠、一般業務で長野県に出張することになった。

清掃のほうは指導員にお願いしてあるので心配はないが、リサイクルグループは私が直接指導しているので、前日（十日）に翌日（十一日）分の仕事を指示しておいた。

不用紙のブレンドによる緩衝材づくりは、その機械（リサイクルパッカー）を改造した上に安全装置をいたる所につけ、絶対に事故は起こさないようにしている。

さらに毎朝、始業時に「安全四原則」を声に出して復唱してから作業に入るようにしているが、それでも出張で会社を離れると何とも心が落ち着かない。

他の社員に頼んではいくのだが、

「指示通りやっているか？」

「リサイクルパッカーが故障していないか？」

などと、気になることばかりである。何度か携帯電話で確認を取りつつの出張になる。

不思議なものである。こういうときに限って予期しないことが起きる。朝、家を出ようとしたとき、会社から電話が入った。

「販売用緩衝材の納期が突然変更になった。予定を変更して至急納品してほしい」と。

私は慌てた。時間がないのである。電話ですぐにストックの分の出荷を指示し、顧客のニーズに何とか応えることができた。新幹線の時間を気にしながら東京駅に行き、ぎりぎり新幹線に間に合った。

一時間が過ぎたであろうか。以前ならば在来線で碓氷峠を越えて軽井沢に到着するのだが、長野新幹線は一気に碓氷峠をトンネルで突き抜け、あっという間に軽井沢に到着した。

窓ごしに、まだ残雪の多い雄大な浅間山が噴煙をあげながらそびえ立っている。夏の盛りには、都心のごとく人で賑わう光景だが、東京では深緑の季節でも、まだ軽井沢は肌寒く、人通りは疎らだった。

軽井沢を過ぎ、車内放送から、

「まもなく佐久平駅に到着します」

との知らせが聞こえてきた。私は車窓を眺めながら、

「一般の業務と彼ら七人の雇用担当者と兼任していくのは無理なのではないか。知的障害者の重度判定は同じＢ２でもその内容程度は一人ひとり皆異なる。清掃も含めもっと個々の障害の特徴を把握し配慮していかねばならないのではないか」

との思いが胸中を走る。

この種の兼務は精神的にとても疲れる。

「このことを誰がわかってくれるだろうか。そろそろ障害者雇用に専念せねばならない時期に来ているのではないか」

何度も来ているので特に変わったこともないが、季節ごとに変化する車窓から見える信州の風景は、日々神経をすり減らして働いている私の心の中に心地よい安らぎとなって伝

わってくる。

長野新幹線、みすず刈る信濃国、軽井沢を過ぎ、まもなく佐久平駅に到着した。

青く澄んだ佐久平の新鮮な空気に一瞬心が洗われる思いだった。

しかし、遠く伊勢原で働いている彼らのことが気がかりで、自然と指は携帯電話の番号をプッシュしていた。


ずっと彼らと一緒にいて心配ばかりしている毎日だけに、たまには彼らのことを忘れたいと思うものの、いざ離れてみると普段以上に彼らのことが気にかかります。もちろん、周囲には出張中のことをお願いして行きますし、同僚も快く引き受けてくれています。しかし、障害者雇用を担当しているとどうしても彼らのことが頭の中から離れず、ちょっとの出張のときでも、携帯電話を使って合間合間での安全確認を欠かせません。

初めての給料日

ところで、彼らの自立を援助するには、働くこととお金の繋がりを理解してもらうことが欠かせません。特に、新卒者採用者の指導は、彼らの今後の人生を左右するのでとても神経を使います。次に、新卒採用者にとって初めての給料のときの記録を紹介します。

いつも通り、彼らの控室に行き、全員の出勤状態を確認し、大声で、

「おはよう！」

と、元気に声をかけ、今日の健康状態を確かめる。そして、今日（四月二十五日）は新卒者三名にとって初めての給料日であることを伝えた。

「本多、丸山、清川、今日は会社で働いたお金をもらう日だよ。今日もしっかり仕事を頑張ろう！　実習のときはお金は出なかったが、今月からはちゃんと出るんだよ」

と改めて新卒三人に働くこととお金の大切さを伝えた。三人とも元気な声と笑顔で、

「はい」

と答えた。ただし、本多君の声だけは聞きとれなかった。

昼時、彼ら七人と三人の指導員に給料明細書を渡した。

全員銀行口座振込制としているので、実際にお金を引き出すのはカードによるＡＴＭ機からである。しかし、自分でカードを使いお金を引き出せるかどうか、私は気になる。

家庭まかせでは、働いたことと、その対価であるお金との関係が結びつかない場合が多

い。私は自立をめざす以上、大切なお金であることを踏まえ、自分で働いたお金の管理は自分ですべきだと思っているし、また、そう指導している。

当社で働く以上、それなりの会社への貢献も必要であり、そのためにはある程度自己管理の可能なレベルの人材でなければ雇用は難しい。

家庭との話し合いをもっと積極的に持ち、彼らの自己管理能力レベルの向上に助言し、指導したいと思う。

当社の知的障害者は全て「時間給定時社員」で、労働能力の程度により最低賃金適用除外を労働基準監督署に申請し許可を受けた時給で雇用している人もいます。

とはいえ、最低賃金適用除外を受けつつも一人ひとりきめ細かく配慮し、実務上常に許可額を上回る設定をしています（このことは第八章の「当社の適性賃金の考え方」で詳しく述べています）。理由は、みんな一人ひとりが人格を持っていること、働く意欲を高めたいこと、働くことによりお金がもらえ、自分が働いて得たお金で少しずつ自信がつき、自立への足がかりとなってほしいからです。また、休まず元気で一生懸命働けば時給も上げたい、そんなまなざしで日々彼らを見ています。現に、今年はわずかではあるが時給を上げた人もいます。ただ、一般の定時時給社員（パート）もいるので、そのへんとのバランスも考慮せざるを得ません。

新卒者二か月目の働きと作文

働き始めて二か月、仕事に対する慣れと疲れが重なってくる頃、その心理状態はどうかということを把握したかったため、今年地元県立養護学校から入社した三名に作文を書いてもらいました。その日の私の記録です。

五月二十八日（月）

二十五日（金）の今年度二度目の給料日、その自分で働いた給料をどのように使い、また休日（土、日）をどのように過ごしたか、つまり、「日常生活の自立」の度合について職業生活指導上の参考にしたく、この作文がその足がかりとなればと考えた。指導のあり方も、個別的に対応しなくてはならない。

この作文の制限時間は三十分としたが、時間内で書き終えたのは、生活習慣に今のところ問題のある丸山さん一人だった。

これは、予想外であった。指導上、最も留意を要する子がさっさと書き上げ、その内容も的を外していない。逆に、的を外さず時間内に書くであろうと思っていた本多君、清川君は、時間を過ぎてもまだ書いていた。いつまで書かせてもきりがないので一時間で終わりとした。本多君はスピードこそ著しく遅いものの、丁寧に的を外さず質問によく答えている。清川君は時間がかかる上、内容も少し的を外している。日常の仕事の①「動作スピード」は清川君、丸山さん、本多君の順、仕事の②「理解度」は本多君、清川君、丸山さんの順。③「自立的傾向」は丸山さん、清川君、本多君の順。

これがこの作文から出た結論のように思える。テーマを絞った新卒者の作文からだけでも、これだけの明白な差異が見受けられる。あたり前のことだが、これだけの個人差が出てしまう。

ガイドブックによると、

『知的障害者でも、ある年齢で直面しなければならない人生の出来事は同じです。仕事の中での苦しみ、喜び、楽しみを通して、人生の意義を感じられるように支援することが必要とされます』

と書いてある。先ほどの三人に限らず、皆同じである。一人ひとりの特性をとらえ、仕事の中で少しでも能力を開発し、先入観にとらわれず、全人格的な面について発達の可能性を指導または支援していきたい。

そのためには、彼らと同じ目線に立ち、愛情と厳しさを織り交ぜながら、常に具体的に問題を解決しながら接していくことが重要だと思う。

これが、私自身、今回の作文から教えられたことである。

秋頃改めて角度を変えて今度は全員に作文を書いてもらい、自立と成長の過程を確かめたい。

作文はアンケート形式で書いてもらいました。

Q1　自分でぎんこうからお金をひきだしましたか。
ひきださなかったひとはきゅうりょうはなににつかうつもりですか。

Q2　ひきだしたひとは、そのお金で土曜日、日曜日なにをかいましたか。かったものはいくらでしたか。自分ではたらいてもらったきゅうりょうはうれしいですか。

Q3　二十七日、二十八日はどんなことをしてあそびましたか。

Q4　これからもかいしゃではたらいてきゅうりょうをもらいたいですか。それはどうしてですか。しごとはつらいですか。たのしいですか。

作文1

ぼくは、ひきだささなかったお金でちょ金をしています。（Q１　清川君）
ぼくは、土曜日にえいがを見ておもしろかったです。（Q２　本多君）
いっぱいはたらいてもっとお金をかせぎたいです。（Q４　丸山さん）

作文２

土曜日に銀行からおろしました。（Q１　本多君）
前からほしかった「ＭＤウォークマン」を買いました。（Q２　丸山さん）
土曜日は家でビデオをみていました。なにもする事がなかったので買い物にいきました。（Q３　丸山さん）

作文３

最初はお金をひきだす事が、むずかしかったのですが、今では少し出来てきました。

僕は、学校での友達4、5人で、映画を見に行き、お菓子やジュースを飲みました。又、今は教習所で普通自動車の授業も受けていて、その方にも使っています。

土曜日は家でインターネットをして、２００１年の流星群のデータを取り出してみました。今年の11月にはしし座流星群が沢山見れるとの事で今から楽しみにしています。日曜日は友達と午後6時頃からディナーに行きました。メインディッシュまで食べるまでに、おなかが沢山になりました。すごく美味しかったです。

僕は毎日いろいろな所を掃除で行けて、とても楽しいです。最近は、東がわの歩道の掃除も、食堂のお茶機の掃除も体験出来てうれしいです。僕は物を分離したりする事が大好きで、家でも使いすてカメラや時計の分解をしていて、お茶機の部品を取りはずしたりする事が、楽しい仕事で毎日たのしみです。（Q1、2、3　以上本多君）

（いずれも原文のまま）

私は、この作文に手紙をつけてそれぞれの家庭に送りました。親御さんからいただいたお礼の手紙を紹介します。

入社して、二ヶ月が過ぎます。

安部様初め職場の方々には、よくしていただき、今日、元気に勤めることができているのだと改めて感謝申し上げます。

学校での実習では、いろいろな経験をさせていただきました。勇にとっても苦い思い出もありましたがすべては今に決まる過程だったのか本当にあきらめなくてよかったと実感しています。

感想文をお送りいただきましてありがとうございます。大事なお給料はしっかり貯めて

◆清川　勇君の現在のプロフィール

二〇〇一年四月雇用。「俺の言い分も聞かず勝手にハンコ押すな！」と親は言われたそうです。この言葉からも見て取れるように、環境清掃グループでは最も自立心が高いかな、と思わせる青年です。背の高い美青年で、二十歳になったばかりです。単純作業はしっかりできる、成長株の清川君。でも、ちょっと複雑なことになると「わかりません」と、はっきり言うのも彼の特徴です。彼にも祖父母がおり、給料日にはケーキをプレゼントするやさしさも持っています。彼は、仕事の終わりに必ず私に握手を求めてきます。私も自然と手が出、彼とのこの握手を楽しみにしています。楽しいスキンシップかな！

います。通帳をながめては満足気な顔です。初給料では祖母と家族にケーキを買ってくれました。今は別のおこづかいがあるので映画を見たり、ビデオを借りたりと休みの日を工夫して過ごしています。

自分で働いて得たお金は特に思い入れがあるのか無駄使いせず、自分で管理しています。たくさん貯めて、旅行に行くのが目標のようです。

これからも、真面目に体に気をつけて働けるように家庭でも見守っていきたいと思います。

これからもよろしくお願い申し上げます。

五月二十九日　　　清　川

結局は、二〇〇一年の秋には多忙のため作文を書いてもらうことはできませんでした。しかし、普段見られない心の変化の過程を確認するためにも、今後時間をなんとかつくって年四回は作文を書いてもらい指導の参考にしたいと思っています。（二〇〇二年八月現在、既に三回書いてもらっています）

彼らの自立を援助するには、彼らに働くこととお金の繋がりを理解してもらうことが重要なことであることは既に述べました。

お金に関して、予期せぬことが起こったのです。キャリア的にも最も信頼していた佐野宗一郎君に、私生活面でただならぬ異変が起きたのです。

第六章　佐野宗一郎君の告白

どこまで介入できるのか、私生活に

佐野宗一郎君、彼は心優しい二十七歳の好青年です。彼は大きな危機を乗り越え、今では、一日も休まず、生き生きと仕事をし、リーダーとして責任感を持ち活躍しています。もはや、彼なしでは当社のリサイクル作業は成り立たない大黒柱と言える存在です。

ここに至る過程で、私は「どこまで従業員の私生活に関与していいのか」そのことを自分自身に問い続けてきました。法律的に論じれば、私が彼に対して取った行為は、雇用責任者の職務を越えたものと言えるでしょう。また、プライベートなことゆえに、介入には慎重を期すべきこともよくわかっています。しかし、視点を変えて、会社の安全作業に対する責任（事故を未然に防ぐ）と、雇用機会の保障（解雇せずに働き続けることをサポートする）という点から論じれば、それはやむを得ない介入と言えるのではないだろうかとも思います。とはいえ、その答えにはデリケートで難しい問題を含んでいます。岡崎郁恵さん同様、私の記録の中から、彼について記載したところを抜粋して紹介します。

私は、毎朝四階の自分のオフィスに行く前に、必ず彼らの控室（一階）に立ち寄り朝礼を行う。そして、全員が出勤しているか、顔を一人ひとり見ながら体調の具合をチェックしている。一人ひとり特徴が異なるのでその点に配慮しつつ、厳しさとやさしさを織り交ぜながら励ますのが朝礼の日課となっている。

今日、オフィスで仕事をしていると、佐野君に個人名で何度か電話があった。事務の女性に聞くと、二～三日前から何度も電話があったという。今日も電話があった。

私が電話に出ると先方は名前のみを名乗り、どういう関係の人かと尋ねると、知人だと答え、他は何も言わない。私はもしや、と思った。

（サラ金だな！）

電話の向こうの相手に確認すると、

「そうです」

と答えが返ってきた。

「えっ！本当！」

仕事の良くできるあの佐野君が何かの間違いではないのかと自分の耳を疑った。

しかし、間違いなく佐野君への消費者金融からの返済の督促だった。

私は佐野君を雇用している会社の責任者であることを告げ、先方の会社に残債の確認を求めたがなかなか応じてくれない。もちろん法律上守秘義務が先方にあることは知っている。しかも、従業員のプライバシーの問題であることも知っている。だが、精神的に動揺すると、彼らの場合それがすぐに仕事に表れるので、大きな事故にも繋がりかねない。私には、彼らを守る責任もある。あきらめず誠意をもって、佐野君の雇用のことや私の立場などを繰り返し説明するうちに先方も会社名や残債等について少しずつ話してくれるようになった。

その結果、A社一五万円、B社五〇万円だった。毎月一定額返済の契約になっているが、前月分の返済がないので電話をしたのだという。事実とすれば先方の主張は当然なので、本人にこの点確認し、再度連絡することを約束し、私は電話を切った。

佐野君は仕事中なので心理的影響を考え、仕事の終わるのを待って、四階の別室に呼び、消費者金融からの電話の件を話した。最初は否定したが、さらに強く真実を迫ると、下を向き小声で全てを認めた。すぐ親と連絡を取り、明日朝一番で返済するよう確約させせ、消費者金融Ａ・Ｂ社にその旨連絡した。

彼らを雇用することで、こういう問題にまで対応することになろうとは、私は想像もしていなかった。

限られた収入の中から返済していくことを思うと、返済のためにまた消費者金融に走るという最悪のケースも想定できる。できるだけ早い時期に親に会社に来てもらい、収入に見合った生活の仕方、返済計画を立て堅実に生活することまで含めて指導していくことを話さねばならない。

「職業生活相談員」はここまで踏み込まざるを得ないのかと、改めて考えさせられた。しかし、これを私的なことだからと放置しておいたら、会社での仕事が手につかず、大きな事故に繋がることもまた事実なのである。

今回彼は、この消費者金融から借りたお金の使い道は女性との交際のためであり、当社に入社する前に借りたお金であることを正直に告白してくれた。心情的にはよくわかる。二十六歳といえば異性に関心が強くなるのは当然であり、女性と付き合うこと自体は何の不思議もない。健康そのものの証である。私自身のことを振り返っても、異性へのあこがれは強かったし、それは青春の特権ですらある。ただ、問題なのは、その付き合いに多額のお金が使われていることだ。それも高金利の消費者金融に手を出してまで。一般社会人でもそういう人を知っているが、総じて心にやさしさを持っているが、精神的にやや弱い人が多いようだ。それゆえいったん女性と付き合い出すと、我を忘れ、ずるずると行ってしまうらしい。

男と女の性は、精神的な充足感と生理的快楽を伴うだけに自己を律することは難しい。しかし、収入の範囲内で青春の特権を行使してほしいと願う。今回は、

「佐野、遊びは自分の収入の範囲内でだよ！」

とだけ言った。佐野君には、さわやかな青春の特権のために堅実な生活に向けた指導をしていきたい。

異性に関心があるということは、若者にとって当然のことです。しかし、男女交際のために、消費者金融から多額の借金していたことには驚かされました。今時、これくらいのことで驚くのは、〝常識〟知らずなのかもしれませんが……。

ところが、数日後さらに私を驚かせる事実が発覚したのです。

もう一つの衝撃

今日は、佐野宗一郎君のことについて再び記録しておかなくてはならない。

夕方、会社まで母親にも来てもらった。その目的は、「消費者金融からの借金について事実確認し、その返済方法などについて整理し、解決案を用意し、このことを母親、先生の前で確認し、返済方法の確定及び今後消費者金融会社から借金は絶対にしない旨を確約させる」という筋書きづくりにあった。本来、個人の問題なので関与すべきでないとも考えたが、雇用上作業に支障が出ては困ること、さらに佐野君の将来を考え同じ過ちを繰り返さないためにも、実態の解明を決心して、この日になった。

母親とは電話では何度も話してきているが、会うのは初めてだった。どんな母親なのだろうかと思いながら、その時間を待った。証人として佐野君の紹介者でもある地元養護学校の先生にも来所願っていた。

母親が来て、初めて挨拶を交わした。電話のときと同じくとても気さくで淡々とした母親だった。会議室のテーブルの上に療育手帳が置いてあった。


メンバーが揃い、話し合いが始まったが、そこで、思わぬことが起こった。

私は、これ以上の借金は無いことの確認を佐野君にしたところ、

「まだ、他の消費者金融からも借金がある」

と頭をたれながら小さな声で告白し出したのだ。

私も先生も、あ然として絶句！

本人の目から涙がこぼれていた。しかし、母親は淡々としている。

この光景は何と形容すべきか。


私は一瞬、虚脱状態になった。しかし、すぐ気を取り戻し、佐野君から会社名を聞き出して、電話番号を調べ、借金の事実及びその残高を確認した。その後、先生と私が、その場で消費者金融会社、借金総額、残高、金利、返済日及びその額を整理した。借金総額は一〇〇万円を超えていた。毎月の返済額の合計を佐野君と母親に示した。

「佐野、よく言った。でも今後、これをどうやって毎月返済していく？」

と話しかけても、佐野君は下を向き、返事がない。これ以上追い詰めてはいけないと思

い、あとは黙って彼の返事を待った。一〜二分間ほど、四人の沈黙が続いただろうか。シーンと静まりかえった時間は、もっと長く感じられたが……。

しかし、このままでは何も解決できない。私は気持ちを切り替え、先生とともに、働いている母親に対し親権者として応分の負担の協力を求めた。母親は理由も聞かず、あっさり承諾してくれた。このくらいの分担返済なら何とか借金をせずに、親子つましくではあるが何とか生活していけるだろうという金額を提示したつもりだ。

後日これを誓約文書として出すことを約束した。また、給料日にはその日のうちにそれぞれの分担額を返済し、消費者金融会社ごとのノートをつくって、その領収書を貼り、翌日私が毎月チェックすることにした。

後日、佐野君に、

「どこで知り合った女性？」

と訊ねたところ、

「雑誌です」

と答えた。内心私は「雑誌」と聞き、現代の男女交際の殺伐さを思い知らされた。でも、自分の青春を佐野君に重ね合わせると、彼を責める気にはならなかった。

「佐野！　自分の働いた小遣いの範囲内で何か心に感動が残る女性との交際を考えなさい。必ずそういう女性はいるよ。お金目当ての女性との付き合いは絶対にするなよ！」

　これが私の口から出た佐野君に対する忠告だった。

　この日の私のショックは筆舌に尽くし難いものがありました。

　社会環境は変わっても人間が生まれながらに有する異性へのあこがれや願望は時代を超えても少しも変わってはいない。むしろ青春の生きる喜びのため応援したい気持ちになりました。ただ、自分の働いて得た小遣いの範囲内で何か心に感動が残る女性との交際をしてほしい、お金目当ての女性との付き合いはしてはいけないと思うだけです。

　私は「性と結婚の問題」をこれからの知的障害者雇用のテーマの一つにしていますが、特に佐野君の場合は、結婚を考える年齢でもあることから、重要なテーマとして取り組んでいきたいと思っています。この「性と結婚の問題」に答えはないのかもしれません。しかし、取り組まずには前には進まないテーマでもあります。

会社を休む、佐野宗一郎君

さらに、心休まる日のない、雇用の現実が、私を待ち受けていました。佐野宗一郎君の生活について記載した記録は続きます。

今日、ISO14001の継続的改善の一環としてリサイクル作業と障害者雇用の今後のありかたについて、社長決裁を得た。当初は、そのことを書こうと思っていた。しかし、現実の障害者雇用は、悩みの尽きぬ日々の連続であり、一日として心の休まるときがない。

佐野君は、今日（六月一日）で、四日連続の休みとなる。

「風邪のため休みます」

という電話があったのは二十九日朝のことであった。思えばその前日の朝から少々おかしかった。

控室にいる佐野君は椅子に座りうつむいたまま、いつもの笑顔がなく、顔色も悪い。思わず、

「おい！　佐野、元気がなく顔色が悪いが、どこか悪いのか？」

と声をかけた。

「いや……、どこも悪くありません」

と不自然な笑いを浮かべながらの佐野君の返事だった。

「本当に大丈夫か？」

と面前で再確認した。彼は、

「大丈夫です」

と言う。これ以上は言及せず、毎日繰り返す作業上の注意事項を指示し、指導員に、

「今日もよろしく」

と今日の作業の指示を出し、四階の自分のデスクについた。

後で思えばここに大きな伏線があったのだが、このときは、「元気がないな」としか感じなかったのである。

その翌日（二十九日）、彼は休んだ。午後六時頃、佐野君の家に電話すると母親が電話口に出た。

「宗一郎は今、蒲団の中で寝ています」

とのことだった。

交通費のバス代三か月分は、現金支給だと佐野君に限らず通勤費以外に使う人もいるので、バスカードにして渡している。消費者金融から相当の借り入れのある彼にとり、お金はあまりないはずである。

会社を休んでいる間、昼、誰もいない家で食事はきちんと取れているのだろうかと気になる。会社に来ているときの昼は、会社で弁当をとっているので問題ないのだが。

借金の返済が計画通りにいけば、贅沢はできないが小遣いも捻出できる。私には、会社以外での私生活までは目が届かない。消費者金融への返済は、母親の代行返済分も含めて、給料日のその日のうちに返済し、専用ノートに領収書をのりで貼りつけ、翌日そのノートを会社に持参させ私がチェックし確認印を押して返している。それにしても毎月の返済後の残高を見ると、全ての返済が完了するまでには実に長い道のりになる。かえすがえすも、なぜ佐野君が自分の収入範囲内で遊ばなかったのか、残念でならない。

携帯電話もタバコも止めさせた。毎月の借入金を返済しながら、昼の弁当代含め週一万円余りの小遣いで生活していくには、不要なものは切りすてるしかない。佐野君にこれを継続していく意志があるかどうかが重大な点だ。

苦しまぎれにまた消費者金融に走りはしないかと気になり、心休まらない日々である。

この頃は、頭を抱え込んでしまう日が続きました。どうしたら佐野君の心のトビラを開き、本音の話を聞き、復帰できる条件をつくることができるかと、心休まることのない日々だけが空しく過ぎていきました。つい先日まで、何事もなく真面目に働いていたのに……。それゆえ継続的雇用を行っていく中で培われた信頼が裏切られたとき、これが知的障害者雇用の現実なのかと気力が喪失しそうになったのを覚えています。しかし、ここで自分に負けてはならないと自分自身に言い聞かせ、奮起するしかありませんでした。私は正直に話された事実に対し、その事実がどんな事実であろうとも、勇気を持ってぶつかっていく準備を常に持ちたいと思っています。

心の中の振子

さらに佐野宗一郎君の記録は続きます。

また佐野宗一郎君のことを書かねばならない。

昨夜も佐野君の自宅に電話した。母親が出て、宗一郎君を電話口に出してくれるよう頼

んだ。母親の懸命な、

「宗一郎！　宗一郎！」

と言う声が聞こえてくる。けれども、本人は出ようとしない。その間約三十分。

彼は五月二十九～六月一日まで風邪といって休んだ。そして、六月二～七日まで無断欠勤。このままだと、明日以降も出勤しないだろう。昨日、初めて知ったのだが、佐野君の紹介者である養護学校の先生が、夜二度も彼の家に行ってくれたものの、会えなかったという。佐野君はどこまで皆に心配をかけさせるのだろう。

無断欠勤！　それは企業で働く者にとり、あってはならないことである。にもかかわらず、佐野君はその基本ルールを破り続けている。一体どういうことなのだろうか。母親に電話で伝えた。

「明日八日の午前九時三十分までに会社に来るように伝えてください。必ず」

母親曰く、

「宗一郎に必ず伝えます。お父さんが死んでから私の言うことをちっとも聞かなくなりました。昔から気が小さく、怒るとすぐ黙ってしまいます。私は、宗一郎のことを思うと毎日食事ものどを通りません。パートで働いているから毎朝六時三十分には家を出なければならないので、夜のうちに伝えておきます。今の会社をクビになったらどこでも働けないのに……。どこへ行っても長続きしないんだから……」

と。母親には、二度ほど会社に来てもらい、いろいろ話している。懸命に働いて生きようとする母親の姿には感動するものがある。

それだけに佐野君は母親を助けていかねばならないのに、自分の遊びのために消費者金融から高金利のお金を借り、その返済のために彼の働いた給料だけでは負担しきれず、何も知らない母親にまで負担させている。その借入金の使途が、女性との交際のためだったとは、私はとても母親に言えなかった。

私は今回の佐野君の件を記録しながらも考え込んでしまい、筆が止まってしまうことがしばしばあった。

なおこれでも雇用し続けていくべきなのだろうか、母親の心を察すると、もう一度だけチャンスを与えようという気持ちも一方にはある。企業として許せないという思いと、もう一度チャンスを与えようという思いが、今私の心の中で振子のように揺れている。

とにかく今は、明日（八日）を待つしかない。

障害者の悩みと信頼の継続

私の心は複雑でした。「素直な気持ちで戻ってきてほしい」という思いと、「来なければ来なくてもよい」という思いと、二人の自分が心の中で葛藤していたのです。いくら知的障害者といえども企業で働く以上けじめも必要であり、私の感情からして母親の気持ちを勘案して彼を許すほど寛容にはなれませんでした。それでも人間、不思議なものです。これは自分自身への慰めでしかありませんでしたが、彼を信じそして裏切られ、その悔しさを胸に秘めながらも、それでもなお彼を信じたいと思っている自分を思うとき、「これも人の世の常なるものかと思えば少しは気持ちが楽になるだろう」という錯覚に身を委ねました。

正直なところ、当時そう思い込んだ錯覚の中に自分を置かなければ耐えがたいほどの苦痛だったのです。そして祈る気持ちで八日の朝を迎えました。

九時三十分、佐野君は会社に来た。

佐野君を紹介した養護学校の麻生先生が同伴されている。先生は今日の朝六時から佐野君の家に行き、待機していたという。紹介した責任があるとはいえ、本当によくフォローしてくださっている。会社の立場としては頭の下がる思いである。

佐野君は、先生にうながされ、会議室に入り着席した。私は無言で佐野君を見つめていた。やがて彼の重い口が開いた。

「この度は心配をかけ申し訳ありませんでした。自分の気の弱さと無責任さを十分反省し、これからはまじめに働きますのでよろしくお願いします」

小さな声だが十分に彼の気持ちは伝わってくる。休んだ理由を聞くと、

「はずかしくて、会社に来づらくなってしまった。そして、数日前から昼も夜も働いていた」

昼は当社で働き、夜は遅くまでホテルでアルバイトをしていたという。だから、昼は疲れてどうしようもなかったともいう。そう思えば仕事中元気がなく、スローな動作で「今いちだなー」と思うときがよく見受けられた。しかし、私はこれは単なる労働能力の低下と思い、見逃していた。

今日初めて夜のアルバイト（これも後日、佐野君は先生同伴でホテルの支配人に会い、お詫びして、正式にアルバイトを辞退してきている）の件を聞き、次に出る言葉がなかった。勤務時間外は個人の自由な時間だし、どう使おうと勝手だが、仕事に支障が出るよう

佐野君の念書

伊勢原事業所

安部様

この度の無断で休んだこと及び夜のアルバイトのため昼間の仕事にたいへんごめいわくかけたこと深く反省しています。

これからはこういうことのないようにアルバイトをやめ責任をもって御社だけで一生けんめい働くことを約束しますのでよろしくお願いします。また麻生先生にもたくさんめいわくかけたことふかくおわびします。

二〇〇一年六月八日

佐野宗一郎

ならもちろん放置できない。

しかし、佐野君は今こうやって会社に来て反省している。これ以上責めるのは止そう、言いたいことはたくさんあるが、もう一度だけチャンスを与えよう、と私は思った。

ただ、一言、

「君のお母さん、先生、一緒に働いている仲間に大変な心配をかけたんだよ。そのことを忘れずに心を入れ替え、しっかり頑張りなさい」

と励ました。多重債務の返済に追われ、夜のアルバイトに走ったのだろう。また繰り返すかもしれないが、今回はひとまず落ち着いたと思ってもよいのかと案じつつ。本人に自覚してもらう

◆佐野宗一郎君の現在のプロフィール

一九九九年十一月トライアル雇用。佐野君は、当事業所知的障害者グループで最も仕事のできる大黒柱的存在です。特にリサイクルでは二十七歳のベテランであり、リーダーとして不可欠の存在です。彼も伊勢原養護学校ではサッカー部に所属していたといいます。つまり当事業所では佐野―朝倉―本多―小林と、サッカー部出身者が主力を占めていることになります。めずらしいことです。（藤沢君一人がバスケット部出身となるので、私は藤沢君に「今度雇用するときはバスケット部出身だね」と言っています）好青年である佐野君は、健常者と知的障害者の境界線上にあり、一定の範囲では良い理解力、判断力そして行動力を持っています。母親によると、何度も職を転々と変え長続きしないという。しかし本人にそのことを聞くと、療育手帳を伏せ健常者と同じ条件で働いたが、仕事の内容、スピードについていけず知的障害者と自覚したという。それだけにまた難しい課題もありますが、とにかく責任感があり、皆をよくまとめてしっかりと仕事をしています。

ために、一筆「念書」を書いてもらうことにした。元気で十一日（月）から出社してくることを期待したい。

何であれ、いろいろなことが起こりながらもここまで一緒にやってきている佐野君はかわいい。仮に裏切られるようなことがあっても、信頼を継続していくことが雇用を継続していく上で大切な『仕事』に違いない。あるいは「職業生活相談員」としての私の指導が、不足したために起きたことかもしれないのだ。

障害者の特徴は、各人、一人ひとりみんな異なるし、また家庭環境によっても大きく左右されることが多いということを勘案すると、もう少しきめ細かい対応をしていく必要があると、佐野宗一郎君の件は、私に反省を求めているように思われた。

ともあれ、彼は詫び状を書き復帰することを誓いました。もし彼が会社を辞めた場合、この環境に関するISO14001のリサイクル作業（経費削減と省資源）の継続は困難を極めたと思います。厳しいデフレ不況の中、障害者の雇用創出に、二台目のリサイクルパッカー購入及びリサイクル作業室の新設と社長決裁を得たばかりという中で、リーダーである佐野君の存在はリサイクル作業の存続にかかわる重大な問題だったのです。彼には大いなる反省を求めたいところです。そんな背景があっての、彼との復帰をかけたやりとりでした。

その後、彼はすっかり立ち直りリーダーとしての自覚を持ち、私からの指示に対し忠実に責任を持って職務を遂行しています。問題の発端からここに至るまで佐野君も本当に悩んだことだろうと思うし、よく耐え忍んだとエールを送りたい気持ちになります。と同時に母親や麻生先生はじめ多くの仲間、指導員の方々に心配かけたことを肝に銘じ仕事で頑張り、信頼を回復してほしいと思います。私も彼らの悩みを早めにキャッチすることに努め、職業生活相談員として信頼の継続を大切にしながら、常に本音でぶつかり問題の解決にあたりたいと自省する日々です。

第七章　大きな存在、指導員（スタッフ）

新しく始めた、指導員との定例会議

知的障害者が単独で、つまり彼らだけで安全かつ丁寧に作業をすることは環境清掃、リサイクルともに不可能です。そこで、彼らをより安全に指導する、指導員と呼ばれるスタッフの存在が必要となります。これは、誰でもできるという役割ではなく、障害者雇用がうまく機能するかどうかは、全て指導員の洞察力と意欲にかかっているといってよいと思っています。当社伊勢原事業所では、信頼できる指導員に恵まれています。

これは初めての定例会議時の記録です。

明日からゴールデンウィークに入る。

今日は、四月連休前の最後の日。今日、指導員（三人）と初めての定例会議を開いた。会議の目的は、知的障害者の日常の作業が自立に向け安全にかつ障害を持つ部分をカバーし、円滑に遂行してもらうためのリスク管理についてである。

この指導員を引き受けてもらうには大変な苦労があった。知的障害者への理解、関心、年齢など、誰でもできる仕事ではない。

三人の新卒知的障害者を受け入れ、三人の指導員が揃い会議を開けるまでになったことを思うとき、感慨深い思いにかられる。彼らも指導員も、雇用しては退職の繰り返しが多かった。それだけ今は安堵の気持ちと期待に胸がおどる。

作業中には会議ができないため、昼食を共にしながらの会議となったがこの形が続くことを祈った。

経験豊富なリーダーの多田さん、いつもさわやかな足立さん、それにこの四月から指導員をお願いした意欲十分な西村さん。三人それぞれ持ち味があり期待するものが大きい。

初回ということもあり、会議のテーマは、①出勤状態②作業への意欲③指導員への態度④健康状態⑤作業の安全性であった。

会議の中で知的障害者雇用について個人的な考え方と前置きし次のように話した。

「私は『障害者の雇用の促進等に関する法律』にいう一・八％の雇用義務があるから障害

指導員の皆さんとの定例会議

者を雇用しているという狭量な考え方は持っていない。二十一世紀の企業価値は、利益＋環境先進企業＋社会貢献企業であるとの認識に立った上で障害者雇用を考えたい。今の企業に無償のボランティアの余裕はないが知的障害者の労働能力にも一定の水準を設け、生産性のある新たな仕事をつくり出すことで、一・八％にとらわれない雇用を考えている。それだけに私は、今、当社・伊勢原事業所で働いている彼らに希望と誇りを持っている」と。

とは言え問題も多い。これを前向きに解決していくために、指導員と月一回の定例会議を考案した。今日はその初回だが、指導員に今日のテーマに対し、自由に実態を話してもらった。

それぞれの視点から率直な意見が述べられ、私の思いもつかないことも数多く出てきた。それぞれ意見を出し合うことの有意義さを改めて感じた。

当社で働く障害者が会社にとって一定の戦力となり、安全で楽しく長く働けるためにも今後共この定例会議を継続していきたい。

指導員との定例会議はますます重要になってきています。

昨年、一年以上かけて指導員が主導的役割を果たし、知的障害者に日々の作業を教えてきました。その結果、応用力はともかくとして、毎日の基本的な反復作業について彼らはおおむね覚えたように思います。

指導員の役割ますます重要に

今年は、知的障害者自身が主役になり、指導員は彼らの従たる立場で、彼らをサポートすることにチャレンジしてみようと思い、現在試行的に実施しています。朝礼もしかり、彼らが主役となり当番制で全員の前で話してもらうようにしています。つまり、従来からの知的障害者雇用の概念を変えようという試みです。そのためには、指導員との定例会議が欠かせません。

どんな小さなことでも議題に取り上げ、自立という目的のために話し合いをします。勿論安全には常に細心の注意を払うよう喚起しています。むしろ、昨年より指導員の責任は重くなったことを、私は二〇〇二年四月の定例会議で強調しました。その意味で、知的障害者の安全な作業と多少の効率的作業を通して企業に貢献し、彼らのさらなる社会的自立に向け重視していくにあたって、この定例会議は知的障害者雇用の運営の要として位置づけています。

第八章　妥当な賃金とはいくらか？
――新卒者と中途雇用者の賃金

労働能力と最低賃金の除外

さて、知的障害者の雇用に携わるとき、私の頭を悩ませるのことの一つに「妥当な賃金はいくらか？」という問題があります。

私たちの給料（時給）は『最低賃金法』という法律で定められ、賃金の最低額を保障されています。参考までにいいますと、二〇〇二年度神奈川県の最低賃金は時給七〇六円です。そして『最低賃金法』第八条において、「精神または身体の障害により著しく労働能力の低い者」は、当該最低賃金の適用を除外してもよい旨が記載されています。

つまり、知的障害者は、県労働基準局長の許可を受けた場合、最低賃金適用を除外されます。

これは、企業としては人件費の抑制に繋がりますが、被雇用者からすれば、生活できるだけの収入は確保したいと思うに違いありません。しかし、その最低賃金に見合うだけの労働能力がないとした場合、一体時給をいくらに設定したらいいのでしょうか。

ポイントは、この条文にある「著しく」の文言をどう解釈するかでしょう。最近、社会参加を希望する障害者が多いと聞きます。しかし、長期間にわたる不況で、大量の失業者が生まれ、リストラが断行される中で、『障害者の雇用の促進等に関する法律』の一・八％の雇用義務を達成することは困難を極める企業環境にあることもまた事実です。そこで、この「著しく」という条文を経済社会の実体に合わせ弾力的に運用解釈することで、適用除外を広く認定し、企業が少しでも多くの障害者を雇用できる環境が整備されれば、障害者の雇用の機会が増えるのではないかと私は思います。企業は常にコストを重視せざるを得ないからです。

「知的障害者はさまざまな形態で雇用されています。正規従業員として雇用する、あるいは嘱託、期間雇い、パートタイム雇用などです。そしてその賃金も、それぞれの企業・雇用形態によりさまざまです。賃金のあり方は、経営に直接結びつくものですし、本人の能力、生計、世間相場、そして成長を適切に評価するなど、さまざまな側面から検討が必要です」

これは、『障害者雇用管理マニュアル（知的障害者雇用のためのガイド）』（社会福祉法人電機神奈川福祉センター「障害者雇用システム研究会」）に記載されている賃金についての基本的な考え方です。

最低賃金と知的障害者の賃金の実態

産業別あるいは地域別の最低賃金については、労働基準監督署ないし公共職業安定所から定期的に情報が公開されます。一九九七年十月より神奈川県では、時間額六七七円、日額五三六八円が地域別最低賃金です。新聞報道によると、二〇〇二年度最低賃金は事実上据え置きのようです。

一方、知的障害者の賃金に関して、いくつかの調査結果があります。

一九九三年に労働省が五人以上雇用している企業を対象にした調査では、六万人の知的障害者の平均賃金は月額一一万二〇〇〇円（平均勤続年数七年強）。また、一九九五年にＮＨＫ厚生文化事業団が知的障害者本人五七三人に直接聞き取り調査した結果では、実に半分以上（五六％）がボーナス抜きの平均月額給料は一〇万円未満でした。一〇万円以上一五万円未満が三八％、そして一五万円以上が五％といいます。調査の対象者は、正社員・準社員が八一％です。現在働いている知的障害者の多くは、最低賃金に非常に近い賃金を得ているのが実態です。

勤労収入以外に、知的障害者の生計を支えている収入に「障害基礎年金」（国民年金）があります。これは、一級と二級の二種類ありますが、知的障害を持ち雇用の対象と想定される人は、二級の年金を得ることになります（二〇〇二年現在、年額八〇万四二〇〇円）。ただし、この年金は知的障害者全員が得られるものではありません。二、三の自治体に問い合わせたところ、一般的には医師の診断を基準にした個別判断になりますが、おおむね療育手帳でＢ２（軽度）までの障害者が受給対象の範囲になっているようです。

先のマニュアルには「賃金決定の留意点」として、以下の項目を挙げています。

【最低賃金の確保】

社内ですでに雇用している障害者との均衡
他の障害者多数雇用企業の給与との均衡
労働生産性（生産や販売原価要素から割り出す）の算出
長期的な生産性についての見通し
知的障害者に適した設備・仕事を与えた採算性を検討
就労者の生計にかかわる試算
法的援護措置（障害基礎年金）の考慮
社会保険の加入（健康保険、労災、雇用保険）

企業年金ならびに退職金についての検討
福利厚生の処遇に関する検討
生産性にあった査定や成長を評価する仕組み
賞与の設定

当社の適性賃金の考え方

まず、当社では、当然のことながら「障害者雇用も企業活動の一環」と位置づけています（ボランティア的・福祉的事業ではない）。これは、トップの基本的考え方です。

当社の知的障害者は全て「時間給定時社員」です。労働能力の程度に差があるため全員ではありませんが、最低賃金適用除外を所轄労働基準監督署に申請して許可を受ける人もいます。正直なところ、除外後の時給が適切かどうかよくわかりません。例えば、同じ仕事を外注清掃していたときの時給八〇〇円との対比で言えば、常時指導員の指導が欠かせないのだから、彼らの労働能力はその二分の一以下が妥当だと私は考えています。

しかし、知的障害者にも働く意欲と自立に向けた生活を考えていかねばなりません。この働く意欲と社会的自立生活＝αとすると、論理上時給は、四〇〇円以下＋αでよいということになります。ただし、このαの部分については相当配慮しています。養護学校を卒業して雇用した新卒のうち、最低賃金適用除外後の時給も同じ考え方です。養護学校卒業後何年か過ぎたトライアル中途雇用者は、『社会経験有り』として新卒雇用者に比較し若干上乗せしています。

この時給にはなお疑問がないわけではありません。その理由は、

①知的障害者の労働能力は若年ながら加齢の早い人もおり、その能力の低下が早い傾向にあること（このことは医学的に見た知的障害者の一般的傾向のようです）

②既に障害基礎年金を受給している人が多いこと

③給料と障害基礎年金を合算すれば月額は相当なものであり、自宅通勤なら社会的自立に十分な経済的基盤があること

④税制上の優遇措置も受けていること

などがあるからです。

給料は労働の対価、年金は国の社会保障の個人給付だからそもそも別物であり、合算することは間違っているという人が多いことも十分承知しています。私は、論理上それを否定はしません。

しかし、彼らにとって最も切実な願いは、能力に応じて企業で働きたい、毎日規則的に働き、

賃金を得ながら社会のルール、コミュニケーションを学び、一人の社会人として自立した生活をしたいということではないでしょうか。少なくとも、日々彼らと接しながら実務担当している私にはそのように映ります。だとすると、給料と年金を合算した社会的自立の考え方も新しい視点から十分検討してみる価値があるのではないかと思います。

企業は『能力に応じた戦力』という条件は付くものの、彼らの切なる願望を可能にする雇用環境を継続的に創出し、企業ルールを通して働く喜び、尊さ、お金の大切さを教え、社会的自立、自活に惜しみない協力をする、これが『障害者の雇用の促進等に関する法律』の真の立法趣旨であるとともに、企業の重要な社会的責任の一つではないでしょうか。

以上のことから、私は、新卒雇用者、中途雇用者を問わず彼らの賃金は最低賃金法を十分考慮しつつも、この法律に過度にとらわれすぎて判断すべきものではなく、その解釈上の価値判断は、歴史や時代とともに移ろうものである以上、変化する実態経済社会の潮流に合わせ、『障害者の雇用の促進等に関する法律』の立法趣旨を斟酌し、社会保障制度で保護されている点及び労働能力、仕事の内容、企業経営に伴う企業の支払能力等を考慮し決定されるべきものではないかと考えます。

当社の知的障害者に対する賃金は、以上のことを念頭に、新しい時代の考え方の半歩先を予測しながら試行錯誤を繰り返し、外部事情をも参考にして決めています。

その結果、当社では、

1、最低賃金クリア者　　　　　　　時給七〇六円以上でスタート

2、新卒及び中途雇用の最低賃金適用除外者　〃　五〇〇円以上でスタート

3、皆勤手当月五〇〇〇円＋賞与（寸志程度）年二回

を基本にしています。

今、手元にある厚生労働省のまとめた知的障害者の賃金統計データと比較しますと、高い賃金に当社との落差に驚きを隠せません。

私は今後、各地域のハローワークと労働基準監督署が連携し、この「適用除外条項」を広く積極的に情報開示していくことが非常に大切なことではないかと思っています。

何でもそうですが、法律も歴史とともに、時代とともに移ろうものです。労働基準行政も同じで厳格な法律解釈も立法趣旨を時代の流れに合わせ、経済社会の実態に適合していくようにしていくことが大切だと思います。法を順守することが法治国家の基本である以上、労働基準行政と共存して行くことは、企業人として当然ですが、改めて信頼関係をベースにその順守することの重要性を実感しています。

私の考え方に、異論も多いと思いますが、今は賃金の多寡よりも企業で「戦力として働け

る」ということに重点を置き、雇用の拡大に繋がればよい、と私は思っています。

なお、私の考えについては、最低賃金適用除外申請の実態把握のため、所轄の労働基準監督官が来所した際にすでに話しております。担当の監督官は、現場で熱心にメモを取り、一時間以上、二棟の建物で働く除外対象知的障害者を見分する熱心な方でした。その後、会議室でいろいろ雑談を交えながら意見交換をしました。その監督官には、私はデフレ下の現実の企業の実態、その中での障害者雇用の取り組みについて詳しく話をさせていただきました。

仕事とはいえ熱心に実態調査し、私の話によく耳を傾けてくれた若い担当官（女性）の積極的かつ柔軟な姿勢には謝意を表したいと思っております。

第九章　障害者雇用の促進

特例子会社制度

「障害者雇用率制度による雇用義務は、原則として個々の事業主ごとに課せられますが、事業主が障害者に特別の配慮をした子会社を設立した場合、子会社が雇用する労働者を親会社が雇用しているものとみなして、実雇用率を計算できるという特例を設けています。特例子会社は、障害者に配慮した職場を拡大すること等、障害者にとってメリットが大きいとともに、企業にとっても障害者雇用に積極的に取り組む契機となるという点で評価されています。このため、今回（二〇〇二年五月改正、十月施行）改正では、特例子会社の経営の安定及び発展、設立促進を図るため、特例子会社を保有する企業がその他の子会社も含めた企業グループ全体で実雇用率を計算することを可能としました。二〇〇二年六月一日現在、全国で一一七社の特例子会

社があり約三〇〇〇人が働いています」（日本障害者雇用促進協会「働く広場」七月号より）

これが特例子会社制度の最新版です。

しかし、特例子会社の多くは経営に困難を強いられているとも聞いています。国からの助成金のある二〜三年は何とか赤字経営を回避できてもその先は見えない、そんな話も伝わってきます。経営の圧迫要因は何といっても人件費です。私のいる事業所も特例子会社化のための条件は整備されつつありますが、果たして赤字にならない経営が今後も継続的に可能か、理論上ではありますが収支状況を研究しています。

もう一つ、障害者の働く特例子会社は、同じ株式会社でも利益追求の一般の株式会社とは明らかに目的が異なります。特例子会社の目的は障害者を少しでも多く雇用し、社会参加の中で自立、自活していこうとする国の政策的会社と理解しています。とすれば少なくとも、次の立法措置があってもよいと思います。

一、商法上の会社とは別に、特例子会社を特別立法化（有限会社類似形態がよいか）し、明確な位置づけを与える。そして、障害者基本法以下関連法を整備する。

二、資本金についてももっと下げる（例えば百万円以上でよいとか）。

三、特例子会社からのグリーン調達を税制面からも積極的に支援する。

四、税制面で特例子会社で働く障害者の所得税、地方税について上限を設け、控除額を拡大し実質非課税とする。また物的施設の経済的負担の軽減措置を図る。
五、連結決算の対象としない。
これらの立法措置及び税制支援により国及び自治体の財政難の中で、障害者の雇用が飛躍的に拡大する環境が整備されるように思います。

障害者雇用拡大研究会に参加して

私は日々障害者雇用にかかわる中で様々な問題に出合い、これをどう解決すべきかいつも苦慮しています。しかし、私の思考では打開策がなかなか見つかりません。そこで、その解決の糸口として毎年開かれる研究会に参加しています。二〇〇一年の秋に参加したときの記録を紹介します。


『神奈川労働プラザ』で行われた障害者雇用拡大のための研究会に参加した。

私もこの仕事を始めて九年ほどになったせいか会場で顔見知りの関係者も多くなり、多少の驚きもあった。

基調講演、パネル討論会、日経連のトライアル雇用の話と続いた。私は障害者雇用には七人ほど雇用しているがいまだにわからないことが多く、勉強のために参加した。

参加者は二〇〇人は超えていただろうか。昨年も参加したがあまり実りあるものではなかった記憶がある。「なるほど！」と日々の実務に役立つ事例を聞くことができればと期待を持って今年も臨んだ。だが、基調講演もパネル討論も現象面の成功事例の話が多く、その裏にある雇用後の生の難しい問題点がクローズアップされることが少ない。

そもそもこの種の研究会は、各企業が日々の障害者雇用を通じ、問題点を共有し合いながら、その問題をどうやって解決していくのかについて発表し、一つひとつ解決の糸口を討論し、その中で雇用の拡大を図っていこうとするのが本来の目的のように思うのだが、私の考えは間違っているのだろうか。

いつも思うことだが、雇用した人数の多さがクローズアップされ、その雇用後に発生する様々な問題について討論されることが少ない。確かに「雇用拡大」をテーマとした研究会だから、その趣旨には合致しているのかもしれない。しかし、企業は紛れもない営利団体である。どこの企業でも、ある程度の戦力になれればこそ雇用するのであり、闇雲に雇用している訳ではないと思う。その辺を素通りし（間違いであれば御容赦ください）、雇用人数の拡大が一人歩きしている研究会になっていると思うのは私一人だけだろうか。

十年も前になるが、私が本社（東京）で人事部に在籍していたときのことである。所轄のハローワークから法定雇用率未達成企業の人事担当管理職が招集され、強い調子でその達成の督促を受けた。その中で鮮明に記憶に残っていることがある。それはハローワークの責任者が、

「我々ハローワークも未達成ゆえ苦しい立場にあります。当ハローワークは都内二十三区内で最も達成率が低い中の一つで上部機関から大変なお叱りを受けていることをご理解ください。我々にもノルマがあります。この状態を放置しておくと企業名を公表せざるを得なくなります。一人月五万円のペナルティで免責されるものでは決してありません。企業名公表ということまで私たちはやりたくありません。どうか二十三区内最下位に近い汚名返上のためにも、ここにおいで願った企業におかれましては、具体的な形で雇用をしているという事実を示していただきたく、切にご協力お願い致します」

と挨拶したことである。

あれから十年、私の脳裏にあのときの悲痛とも強迫とも取れる訴えが今なお残影としてある。

私にとり時間という触媒が化学変化を起こし稀有なことに出合いました。

二〇〇二年九月、東京都障害者雇用促進協会新宿支部長より感謝状をいただきました。前述

した十年前が、夢のごとしです。

私は当社の伊勢原事業所勤務になってから、十年前の汚名を返上すべく積極的に試行錯誤で雇用を展開してきました。

しかし、今当社では、雇用率一・八％は過去のものとなり、雇用率達成の問題よりも雇用後の中身のほうに重点が移ってきています。雇用している企業により異なると思いますが、解決の難しいいろいろの問題が起きていると思います。

時の移ろいは早く、はや二十一世紀。未だ雇用率の達成という第一段階の重い課題を背負いながらも、そろそろ第二段階として、雇用後のあり方という中身をもテーマとした研究会及びその発表会があってもよいのではないかと私は思っています。

この研究会は有益ではありますが、それをさらに発展拡大させていくことにより、内容が一層充実したものになるのではと思っております。今後この研究会の発展に期待しつつ、今年も参加しようと思います。

神奈川県知的障害者養護学校教頭会、当事業所見学

神奈川県全域における知的障害者養護学校の教頭先生に当社伊勢原事業所を見学（二〇〇一

年十月末）していただくという機会がありました。私は過去の苦い経験から新卒雇用を主として以来、トライアル雇用とともに養護学校との関係をも重視してきました。その意味もあってこういう機会に恵まれたことに感謝しています。そのときの記録を紹介します。

「神奈川県知的障害者養護学校教頭会として当社伊勢原事業所を見学させていただきたい」との打診があったのは、確か夏の盛りの八月だったと記憶している。私は、特に断る理由も見あたらないので即答で承諾した。しかし、日々の仕事に追われ、その後すっかり忘れていた。

十月の初め、横浜市内の養護学校から一通の手紙が届いた。開封してみると、十月二十九日の予定が書いてある。

「あーそうか」私は急いで社内手続きを取り、正式な承諾書を送った。しかし、神奈川県の全ての知的障害養護学校教頭会（二十五校）が当社伊勢原事業所を見学となれば、それなりの準備も必要だろう。少しずつ準備を始めたのは、十月中旬を過ぎてからだった。加えて、当日見学の後、雇用の実態について一時間ほどお話をしてほしいとの依頼があった。何を話そうかと一瞬考え込んだが、幸い四月からこの雇用記録をつけていたので、ありのままを話せばよいと思い、時間を見つけては、記録を読み返して推敲し、直前まで整理し、タイトルをつけ、これを教頭会の方々に配布しお話をすることにした。

私は今まで、知的障害者雇用について講演などで何度も話を聴いてきたが、比較的成功事例の話が多く、その生々しい雇用の実態は聞いたことがあまりなかった。特例子会社も随分見学してきたが、どちらかというと表向きの話が多く、私が聞きたい雇用の実態は一部を除いてあまり耳にすることなく今日に至っている。そこで私は、事実を事実として教頭会の方々に聞いていただくことが、一番理解が得やすいと考え、飾らずありのまま本音を話そう、と決心した。当日は『神奈川新聞』の取材も受けた。

一応話は終えたものの教頭会の先生たちにどこまで雇用の実態を理解していただけたのだろうか、と限られた時間でうまく話せなかった自分に多少苛立ちを覚えた。新聞の取材もあったので緊張していたことも事実だった。しかし、言いたいことの五分の一でも理解してもらえば私は満足である。

翌日の『神奈川新聞』朝刊には写真入りで載った。社内のいろいろの方から私のEメールに反響があった。

私に届いたメールの一部を紹介します。

障害者雇用の現場見学

県内養護学校教職員ら 伊勢原の企業訪問

県盲ろう養護学校教頭会の知的障害者部会（加盟二十三校）のメンバー約二十人が二十九日、知的障害者雇用に積極的な伊勢原市内の企業を訪れ、障害者の働く現場を見学した。

同部会は年三回の会合のうち一回を、障害者施設や企業の見学にあてており、今回訪問したのは、同市鈴川にある伯東株式会社（本社・東京都新宿区）の伊勢原事業所。

同社はエレクトロニクス機器関連の商社・メーカーという顔を持つ一方、一九九九年から、社内で大量に出る古紙を、配送などに使う緩衝材としてリサイクルする設備を導入、社内外から寄せられる大量の需要に応じている。

「リサイクル機も清掃も、環境対策という意味合いがあり、知的障害者に対して仕事への動機付けがたやすい」と同事業所部長代理の安部省吾さん(五五)。八年ほど前から知的障害者を雇用するようになり、現在は六人が在籍。地元の県立伊勢原養護学校（同市石田）の卒業生で、十代後半から二十代半ばまでの男女が社内清掃担当四人とリサイクル機担当二人に分かれ、作業にあたっているという。

養護学校卒業生の就職率は二、三％というのが現状で、就職しても、人間関係のトラブルをはじめ、職場に定着していくうえで乗り越えねばならない壁も多い。

安部さんが障害者を雇用する側として試行錯誤してきた体験談を語ると、参加者は熱心に耳を傾けていた。

（畠山　卓也）

養護学校の先生たちが、障害者の働く現場を見学した
＝伊勢原市鈴川の伯東伊勢原事業所

神奈川県知的障害者養護学校教頭会の見学を伝える神奈川新聞
（2001年10月30日付）

①　知的障害者雇用に関する神奈川新聞をお送り頂きお礼申し上げます。理屈では尊い仕事と分かっていても実施することは大変なことだと思いますし、「会社」と「社会」の係わり合いも重要なことだと理解しております。当社として胸の張れるニュースで大変嬉しく思います。有り難うございました。

本社役員

②　神奈川新聞拝見しました。非常に良い取り組みをされており、我々も社員として誇りに思います。いろいろ大変だと思いますが、是非、頑張って頂きたいと思います。この新聞は早速、工場の掲示板に掲示し全員に紹介したいと思います。貴事業所の障害者雇用活動のいっそうの発展をお祈り致します。

四日市工場　社員

③　「御社社内報」でも掲載されておりました貴事業所内での障害者の方々の雇用促進とその方々への活用について、日頃より感銘を受けておりましたし、安部さんらしい発想と配慮に対し、深く敬意を持っておりました所、この度、神奈川新聞で紹介されたとの記事を送付頂き、改めてその意を強く致しましたと共に、ここにお礼を申し上げる次第です。企業からは、利益の追求と雇用の安定は決して逃げることの出来ない命題である訳ですが、それにも増して、環境への配慮、障害者への雇用チャンス、更には経費削減といった種々に亘った取組みをされている安部さんは、正に紹介記事の通り「一石四鳥」の効果を果たしていられる訳ですから、なんとも素晴らしい事と存じ上げるものです。日頃の中で、お目に掛かるチャンスも多くはありませんが、一層のご活躍と更なる成果を達成できるよう心よりお祈りいたします。本社にお立ちよりの際は、是非当社にもお声を掛けて下さい。

関連会社　社長

とかくきれいごとで終始することが多い世の中、勇気を持ってありのままの事実を語ることの大切さを改めて実感しました。

私は、日々当事業所の障害者雇用に忙殺されつつも、広範な知識を得るためそして実務上の問題解決のため、可能な限り各種のイベントに参加してきました。今後とも、機会があれば積極的に参加したいと考えています。願わくは、今後のイベントはお互いの共通した問題点について意見を交換したり、発表したりしながら、共に知的障害者（他の障害者の場合も同じ）の社会的自立に向け何が問題であり、その問題の克服のために何が重要かつ必要かということについても研究会の場を設けるものであればより内容のあるものになるのではないかと思います。

第十章　新たなチャレンジ

私のチャレンジ

すでに何度も書いてきましたが、障害者雇用にかかわって十年以上が過ぎました。当社伊勢原事業所で実際に彼らを雇用しはじめて十年、まさにゼロからのスタートでした。

思えば長い道のりでしたがその過程に無駄はなかったと確信しています。雇用しては退職を繰り返す中で、私の脳裏にそれぞれの障害者の持つ特性が少しずつ蓄積されたからです。時は移り、どこの企業でも環境問題、とりわけISO14001（地球環境問題）の認証取得が重要なテーマになっています。例外なくその取得を迫られ、省資源、省エネルギーをどう達成するかという課題を背負いました。当時の私は、副環境管理責任者でもありました。私は障害者雇用と、このISO14001をリンクさせ、達成できる方法を考えました。それが不用紙のリサイクルでした。まさに大成功で、認証取得のための審査時、審査機関から高い評価を受けました。

ISO14001認証取得後も、不用紙のリサイクルパッカーによる緩衝材づくりは好評で社内外の需要が多く、供給が追いつかない状態です。二台目のリサイクルパッカーの必要性とその作業スペースの確保が重要な課題となりました。

とは言っても、社内の事情（デフレ不況の余波）を勘案すると提案することにためらいを感じたのは事実です。しかし、私は、当事業所の障害者雇用とISO14001の継続的改善のリンクは必ず当社の利益と社会への貢献に資すると自信を深めるに至りました。

私はそのことに思いをいたし、当社の利益及び社会への貢献のために今後共、勇気をもってチャレンジし続けていきたいと思っています。その思いをつづった記録を紹介します。


極めて厳しい経営環境にありながらも、「緩衝材をつくるリサイクル室を独立した専用建物として建設すること」「リサイクル機の二号機の導入」の二つについて、社長決裁をいただいた。このことは、知的障害者の雇用に会社が大変前向きに理解してくれるようになったことを意味する。

心の中でまさに感泣の思いしきりだった。

リサイクルセンター内に取りつけてあるパネル

いくら現場で障害者雇用の責任を担っているといっても、企業は利益あっての世界。障害者雇用が義務づけられているといっても、当社はすでに法定雇用率一・八%は達成している。にもかかわらず、厳しいデフレ的経済環境下で、さらに障害者雇用のために物的施設及び二台目のリサイクル機の導入を会社にお願いしてよいものかと、随分悩んだ。

少しでも会社負担を少なくしようと、県の雇用開発協会に国の施設助成金を得るべく足を運び相談したが、結果として助成金の対象にならなかった。とすると全て自前（会社）の費用でやらなければならない。長い社歴を経てきた私にとり、現在の会社の置かれた状況と積極的障害者雇用の促進との間で、心は振子のように揺れ続けた。

私は考え続けた。「この投資に対する回収は何年か」と。

緩衝材はISO14001の環境に配慮されたリサイクル品である以上、必ず投資効果はある。すでに一号リサイクル機は一・六年で投資回収済みでさらに経費削減の実績はあったこと、外販もしていたのでこのことを強調し、関係役員に事前相談をした。四月のことだった。

幸運にも実績を評価してくれたこと、一部上場企業ゆえ役員の方々も企業の社会的責任を自覚しておられたこと、さらに当社は環境に関するISO14001、9002の認証取得を得ていたこともあり、関係役員の私のアピールに対する理解は迅速だった。

私はすぐ文書による正式の社内手続きを開始した。多額の投資なのに十日ほどで決裁をいただいた。四月末のことだった。

私は嬉しかった。これで障害者の雇用を増やすことができる。これからも環境に配慮した緩衝材をつくり、いっそうの経費削減と合わせさらなる社会貢献をしていこうと決心をした。

まさに私の夢をのせた新たなチャレンジが始まった。

建物については直ちに建設会社と打ち合わせ、設計を依頼した。設計は早かった。六月に着工して八月末完成予定である。二号機のリサイクル機についても一号機同様発注した。リサイクル機は安全対策のため相当の改造が必要なために、納品までには時間を要するが八月末までには間に合うだろう。

さらに私はISO14001の継続的改善の重要なテーマとして企業内ゴミゼロ運動を今年から展開している。このゴミゼロ運動にも障害者の参加可能な仕事の創出を検討している。これにより資源有効活用に貢献し、誇りの持てる知的障害者雇用を推進していきたいと考えている。

リサイクル専用の建物完成！

「私のチャレンジ」という表現はきれいごとに聞こえるかもしれません。しかし、私が勇気を持って提案した障害者雇用とリサイクル作業、この取り組みは、当社経営者の理解があって初めてできたのであり、理解を示してくれた会長、社長、各役員には深く感謝しています。

そして、ついにリサイクル専用の建物が完成しました。その日の感動を、私は記録にこう記しています。

六月末着工したリサイクル専用の建物が、予定通り今日完成し、引渡しを受けた。新別館の建物に合わせるように建てた。高さ五メートル、広さ一八〇平方メートル。ここに二台（一台は新機）のリサイクル機を設置し、不用ダンボール、期限切れ不用書類をブレンドした緩衝材をつくり、発送商品の品質維持を目的に使われる。社内使用を主としつつも一部外販もしている。この作業は全て佐野宗一郎君と朝倉浩二君の二人で生産している。この緩衝材は、社内外で評判がよく需要は常に生産を上回り、フル生産状態だった。

時々この虎の子のリサイクル機に大小のトラブルが発生するといつも冷汗をかき、慌てたものである。半日生産が止まると、納期に間に合わなくなるからだ。一台のリサイクル機ではいつも不安があった。ただ幸いなことにこの緩衝材の需要にも波があるため、偶然のバランスに助けられてきたのである。

「二台目のリサイクル機が欲しい。一台が故障しても二台目で安定供給するために」

そう思っていた。特に、外販の時は納期が厳しい分神経を使う。販売してお金をいただくことの大変さを思い知らされる。佐野君と朝倉君の二人には、残業は日常的、時には土曜日出勤してもらうこともあった。

中に入り完成したばかりの高価なグリーンのエポキシ床塗装されたリサイクル室に立ったとき、私は、ノーマライゼーションということが真に社会的実態として目の前に現れた現実をしみじみと噛みしめ、その時代の移ろいに深い感動を覚えた。

ある作家は、「社会の変化は時間という触媒によって化学変化の起こるのを待つしかないのかも知れない」という。

つい十余年前、私は、ハローワークに何度も呼び出され障害者雇用の一・八％の雇用義務の履行を督促されていた。ところが今やこの場所に二台のリサイクル機が設置され、彼らと共に働くのかと思うと、

「この現実は夢ではないのか、私は夢を見ているのではないか」

とさえ、錯覚してしまいそうになる。改めて私は思った。

「障害者と共に働く場としての当社の作業環境は、全国的に見ても自信と誇りのもてる職場かもしれない」

憲法という国の最高法で保障された社会的基本権が、戦後半世紀を経て、障害者の世界にもようやく「実体的権利」として保障されるようになったことを思うと、この先人の努力に対し重い責任を感じている。

このときの感動をどう表現すればいいのでしょうか。心臓が震えたといいますか、私が直接体験した十年という年月を超え、憲法の精神までさかのぼり、先人たちの思いがまた一つ目の前に現れ、私が代表として見ているというような、時を超えた感動でした。一度は断念しかけたこの建物を、現実に目の前にするとき、改めて底知れぬ喜びを感じます。

新規注文に心躍る

そんな八月のある日、社会は不況の真っ最中ですが、突然嬉しい新規注文が飛び込んできました。そのときの記録です。

世はデフレ的不況の只中！

当社の重要な取引先である半導体大手メーカーの大半がＩＴ不況（情報技術産業不況）の風をまともに受け、大幅な減益または赤字決算になり、リストラクチャー（事業の再構築）を余儀なくされている。この結果、工場の閉鎖または統合により、多くの社員が希望退職の名のもと失業者となった。当社も受注が激減し、大幅な減収を余儀なくされた。

リサイクルセンター正面入口

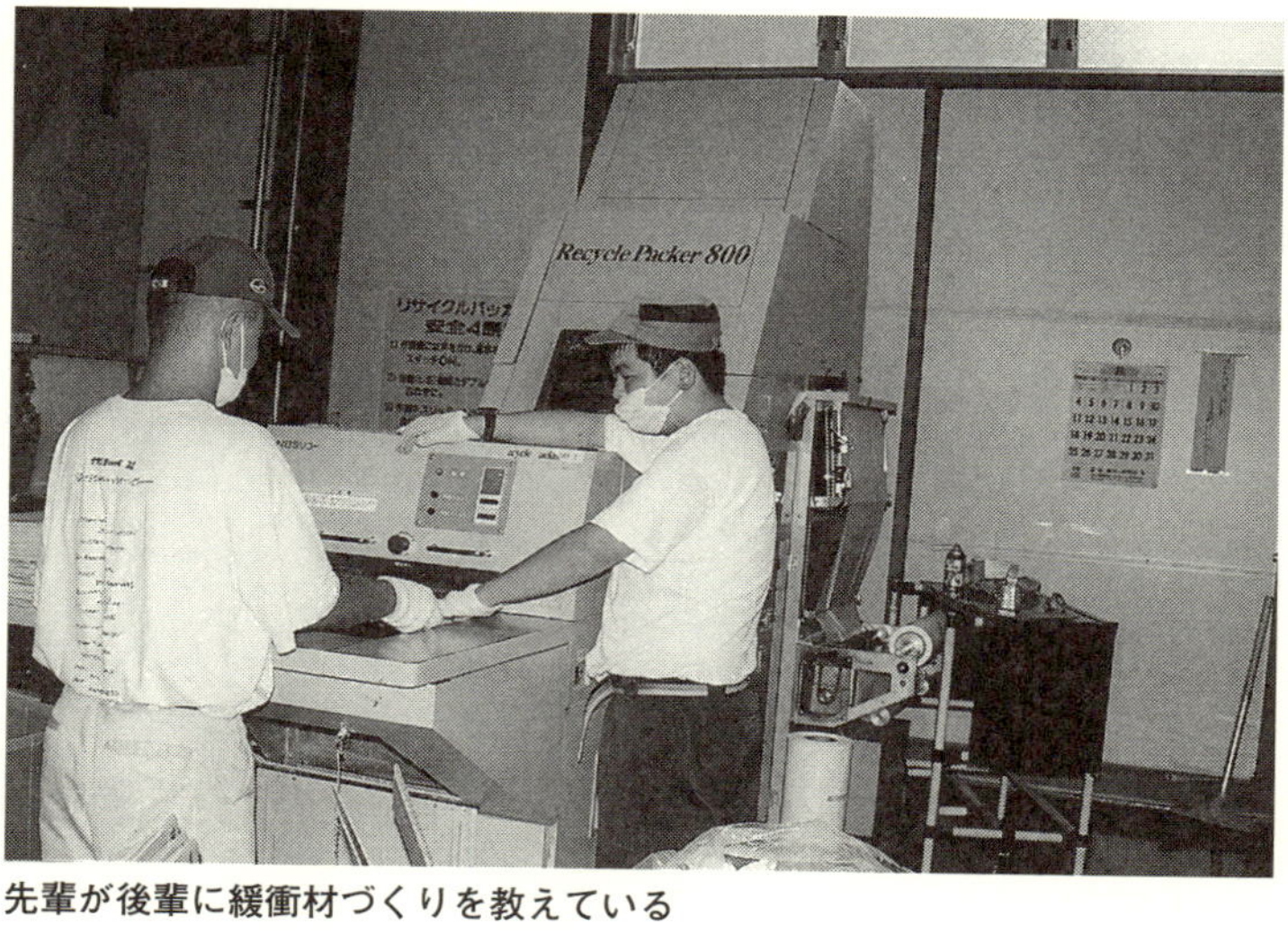

先輩が後輩に緩衝材づくりを教えている

２台のリサイクルパッカー、障害者によりフル稼働中

でき上がった緩衝材を大袋に入れた荷姿

こうした中、幸運にも緩衝材の新規注文が、私が参加している異業種間のネットワークを通して舞い込んできた。ある光学メーカーから毎月相当量の緩衝材の注文だ。それも来月の九月から納品してほしいと。注文は大変嬉しい。しかし、急に来月からといわれても、準備が整わない。何とか、十月からの納品に延期してもらった。人員的には現在の二人だけでは到底足りず、とりあえず高齢者二名を委託増員し、計四名で対応してみようと思う。リサイクル機は八月に一台増設していたので一応問題はない。

材料の廃ダンボールの手配、運送手段、さらに作業における労働安全衛生法上の安全対策もクリアしなくてはならない。リサイクル室（新築）の環境対策は万全だ。なにぶん、生産量は従来の倍以上になる。社内及び既存の外販分もあるので、できるのかできないのかやってみないとわからない部分もある。

一番の問題は、予定通り量と納期を守れるかという点である。

不安がよぎる。

順調に軌道に乗る体制づくりを急がねばならない。

私は常に環境に関するISO14001に関連した仕事を創出し、彼らにとって、誇りの持てる仕事であり、さらに経営的にも外販により人件費と収益上のバランスが取れるようにしたいと考えていたので、今度の新規受注に大きな期待を寄せている。

この不況の中でこれだけの注文は、神に祈るほどのありがたさがある。また、責任の重さを痛感せざるを得ない。

これから一か月余りで十分安全な体制づくりを整えなければならないことを考えると、時間がない。安全対策は、何にも増して優先しなくてはならないので、より神経を使う仕事になる。まずは、人、物、設備につき万全の体制づくりに全力を傾注せねばならぬことを肝に命じる必要がある。


私のビジネス感覚は常に時代の半歩先を読みます。そしてその半歩先を見すえて今、何をすべきかということを考えます。私の担当している知的障害者雇用についても同じで、環境の時代にふさわしくISO14001にかかわる仕事は当事業所で働く障害者にとって誇りの持てる仕事であると考えています。さらに本体経営にあまり経費的負担をかけないようにしたいと考えていたときでしたから、この新規注文は絶妙なタイミングであり、幸運にも半歩先を読んだ最先のよいスタートとなりました。

始まった緩衝材の新規生産

偶然とはいえ、この注文は異業種間の情報交流会の中で出てきたものです。人と人の繋がり（ネットワーク）がこれほどまでにお互いを助け合うものなのかと改めて痛感しました。

明日（九月三十日）は、会社中間決算のための、棚卸日。それとは別に今日は指導員との毎月の定例会議日、超多忙の一日であった。

昼食を共にしながら、一か月の反省及び今後の予定など、毎月とはいえ議題に事欠かないこの定例会議。この席で私は、まず岡崎さんの件を取り上げた。三か月にわたる大学病院での経過観察後の医師の診断を基に母親と本人の話を聞き、とても復帰できる状態ではないと判断したため、十月より正式に休職することを皆に話した。もうひとつ、緩衝材のリサイクルでは高齢者二名委託増員し、外販へ対応することも話した。

十月一日の数千個の初出荷に向け、すでに生産は開始していた。

実際、生産をしてみると大変な数量になる。納品は毎週二回で一万個以上、一か月でその四～五倍、受注はしたものの安定的かつ継続的に供給していかなければならない。このほかに一社に外販、加えて社内分もある。

二台のリサイクル機は、毎日フル稼働、朝九時～夕方五時まででは終わらず、一時間の残業もしばしばになっている。これだけの注文がくるというのは、超不況と言えど、『環境の時代』なんだなと思い知らされる。

このリサイクル機の緩衝材の一日あたりの生産量は最大二〇〇〇個くらいの基準とメーカーから言われている。したがって二台では、一か月（二十日）八万個が限度となる。しかし、実際は機械のトラブルなどでそこまでつくることは難しい。ところが社内、外販分も含めると限度を超えた緩衝材を生産することになる。したがって、他社からも注文がきているがお断りしているのが現状である。

当社の緩衝材は、緩衝材需要増とともにその品質、納期が評価を受け、異業種の人のネット情報で広がったらしい。これほどまでに人のネットワークで仕事が舞い込んでくるとは、私の予想を越えていた。毎月の生産量を考えると、月二万個ほど販売している顧客に辞退を申し入れざるを得なくなるかもしれない。残念なことだが、安全な作業と品質及び責任納品を考えたとき、今のところこれしか選択する道がないように思う。

それにしても現在この仕事の中核的存在であるリーダー佐野君、サブリーダー朝倉君という二人の果たしている役割は著しいものがある。彼ら二人なくしてこの環境に関するリサイクル作業の成功はなかっただろう。私はこの二人を誇りに思う。

このリサイクルの仕事は、ある程度の判断力、スピード、流れ作業を理解する能力を必要とするため、知的障害でも障害の程度が比較的軽い方でないとなかなかできない現実もあり、その雇用に苦慮していることは確かにある。来春の新卒二名を含め、知的障害者四名、高齢者二名、計六名で作業すべく考えている。これでカバーできるかどうかは、未知の世界である。毎日カレンダーを見ながら、社内及び外販二社に対する生産日程に追われる日々が続いている。

私は入社以来総務人事畑のみ歩んできたので、営業については未知の世界でした。つまり物を買ったり、人を動かす立場から、障害者雇用を通して障害者と共に社内外で物を売る立場に変わったのです。顧客の満足度をいかに高めるか（これを、品質に関するISO9002という）ということは新鮮な体験でもありますが、納期や品質についてとても重大な責任を負うことにもなりました。しかし、これを知的障害者と共有し仕事をしていくと、実は感動する場面が多いのです。彼らの真剣な仕事ぶりには、その責任を共有していることを実感させます。また当社は商社であるため、製造過程における安全管理についてのノウハウが十分とは言えない点もあります。それゆえ知的障害者の作業に対する安全対策は、慎重すぎるほどの対策を取っています。そして今、事故は絶対に起こしてはならないとの立場から、作業上のジョブコーチ役にベテランを配置するなどの対策を講じています。

なお、この安全対策については私の記録にも詳しく記されています。

障害者雇用と安全性の両立の狭間にて

今日、前触れもなく、本社より役員が伊勢原事業所に来所された。リサイクル室とそこで働く従業員の様子を見たい、という。早速私は現場に案内した。役員は、うなずきながら十分ほど私の説明に耳を傾けていた。主に緩衝材をつくる流れ、及び彼らの作業状態、でき上がった緩衝材の種類、使用方法などを説明した。

「ところで……」

と、役員は切り出した。

「安全対策はどうなっている？　社長も気にしているんだが」

「しまった！」

と私は思った。一番大切で、一番先に説明すべきことを忘れていた。常日頃から現場にいるとすでに想定され得る安全対策は実施しているので、その説明をつい飛ばしてしまったのだ。私は改めてこのリサイクル作業の安全対策を詳細に説明した。

説明の内容は次の通りである。

リサイクルパッカー及びスリッター（ダンボール裁断機）について、人は必ずミスをすることを前提に機械そのものにセットした安全対策だ。

まず、「リサイクルパッカー安全四原則」

一、点検は電源をOFFにしてから行うこと

二、作業前には声をかけ、返事を聞いたらスイッチON

三、指差し（しさ）確認とダブルチェックを忘れず

四、作業中、スリッターリサイクルパッカーに異常を感じたらすぐ止めること

この四原則を一メートル四方の黄色のパネルに黒で書き、壁に貼りつけ、毎日朝、作業する前に声を出して復唱することにしていることを、貼りつけてあるパネルの前で説明した。

次に、機械そのものにも、リサイクル機の中を開ければ自動的に止まること、またスリ

ッターには、大きく赤い非常停止ボタンを複数カ所つけ、それを押せば非常停止するようにした。さらにセンサータッチをダブルで取りつけ、人の手がそのセンサー空間に触れると自動停止するよう改造した。加えて、作業中は、安全靴、軍手、防塵マスク（紙粉対策だが、スリッター自体をビニールで囲い、強力な換気口をつけ紙粉を外へ排出するようにしたので実際は不要だが安全上つけている）をつけ、帽子をかぶっているので安全上必要なことは全て対応していることを現場で説明した。

実は、以前ちょっとしたことでリサイクル作業中及び清掃作業中、軽微な事故が起きていた。「まさか」という一瞬の事故である。

清掃中の「まさか」は、昨年モップで階段を清掃中の舟木公平君がモップを絞った後、再び続きの階段へ戻るべく廊下を小走りし、その勢いで階段を下りはじめた途端、勢い余った足（かかと）を少し水分の残る自分で清掃した階段にひっかけ、足をとられスライディングするように階段踊り場のコンクリート壁に勢いよく激突した事故である。舟木公平君はうめき声をあげ、身動きせず、「痛い！」と転んだ状態で泣き出した。

ちょうど、私はそのとき現場におり、指導員に、

「もう少しモップを絞って拭かないと、滑って危ないですね」

と立ち話をしているその目の前での出来事だった。滑った状態、転んだ場所、体の打った場所も、背中と肩と目視していたので慌てず対応できた。もし打った場所が頭だったりしたらと思うと今でもゾッとする思いである。以後、彼らには階段の掃除をさせていない。さらにフロア間の移動も階段の使用を禁止し、全てエレベーターを使用させるように改善した。

リサイクルの方でも指導員がついていながら、リサイクル機の作動中に扉を開け、不用物を取り除こうとしたとたん手を一瞬ではあるが、細長く熱い鉄板に挟まれ、かなり出血した事故もあった。

以後、このリサイクル機を徹底的に改造し、作動中にこのリサイクル機のどこを開けても自動停止する安全装置を取りつけた。いずれの場合も指導員、または私のいる目の前での一瞬の出来事であり、まさに「まさか！」であった。

企業で障害者雇用の事故は絶対に起こしてはならないことです。どんな理由があろうとも、雇用側が正当化されることはなく、民事裁判上でも「利益のあるところに結果の過失責任あり」が定着しています。でもどんなに注意しても「えっ！　まさか！」ということは起こります。総論で「安全」を喚起することは容易でも、各論で日々それを実行し続けることにはとても神経を使います。ここに障害者雇用のもう一つの難しさがあります。

私は毎朝、朝礼で繰り返し具体的に細かなところまで注意事項を例示し、ルールの順守の徹底とともに指導員スタッフにも重ねてこのことを指示しています。さらに、私が巡回しながらトリプルチェックをかけ、事故の防止に努めています。その後、今日まで事故は起きていません。

しかし事故は常に「まさか！」であることを肝に命じ、安全な作業に目を光らす毎日です。

吹き荒れる不況と障害者雇用

長期にわたる不況で、一般雇用と障害者雇用のバランスをどう取っていくのかは難しい問題で、社内で声高に障害者雇用を語る雰囲気にはとてもありません。このような企業を取り巻く経営環境と障害者雇用をどう両立させていくべきなのでしょうか。年末にこのことについてつづった記録があります。


今年一年の仕事も十二月二十八日（金）で終わった。

だが、緩衝材をつくるリサイクル作業は、年末休暇の二十九日（土）も続行となった。

厳しい障害者雇用の現状

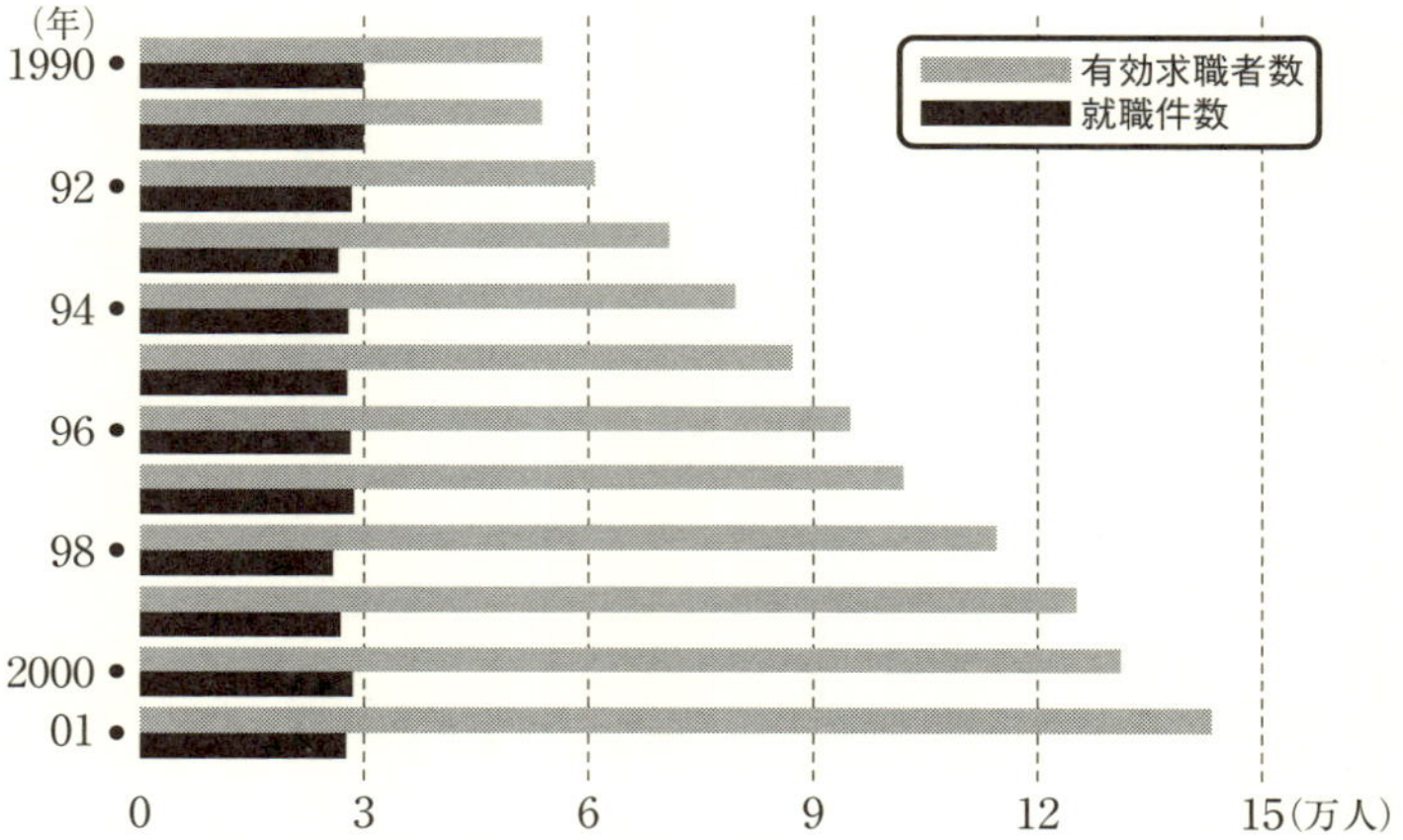

「変わる障害者雇用」(読売新聞　2002年9月8日付より)

佐野君、朝倉君は本当によく働いた。

　午後三時過ぎ、予定数量の緩衝材をつくったので作業を終了し、今年一年の仕事納めをした。二人には、

「ご苦労さま！」

　とその労をねぎらった。あるいは新年早々一月四日の休日出勤もやむを得ないと思っていたが、二人ともよく頑張った。世の中は不況というのに、緩衝材の供給が社内、外販の需要に追いつかず、超多忙の日々が日常化しているのが実態である。環境に関するISO14001がらみの仕事は、この不況が逆に追い風になっているようだ。

　ところで、会社の内外に目を向けると不況の嵐がブリザードのように一段と強く吹き荒れている。完全失業率が五・五％、全国で百万世帯が完全失業中と十二月二十八日に新聞報道されている。多くの金融機関や生保が破綻し、さらに多くの建設会社などの倒産が跡を絶たない。産業構造の改革のうねりの中で、多くの会社の社員が倒産、リストラなどで職場を失っている。エレクトロニクス商社の当社も、この不況のブリザードをまともに受け、極めて厳しい経営を強いられている。

そんな中で知的障害者雇用を担当している私は、深く考え込む日々が多くなった。特例子会社、また障害者を雇用する多くの会社も、事情はどこも同じで人語に尽きる厳しい環境にあると聞く。障害者も働く権利を有することは十二分に理解しているが、家族を支えている一家の大黒柱がこうも次々とリストラされ、再就職が長期にわたり困難な環境下にあるとき、障害者雇用と一般雇用のバランスをどう取っていけばよいのだろう。『障害者の雇用の促進等に関する法律』は、これほどの完全失業率を想定していなかったのではないだろうか。

幸運にも当社の障害者雇用については、

1、ISO14001の地球環境に関する仕事に標準を合わせた

2、雇用創出についてまず前記1の仕事をつくり出した上で、労働能力とその作業の適合性の可否を十分検討し雇用している

3、ある程度前記1の環境対策品である緩衝材の外販により収入を確保し、本業の経費に依存する度合を少しでも小さくしていこうとする思想でスタートしている

4、さらに前記の緩衝材づくりは、今、本業のISO14001の継続的環境対策、業務改善及び経費削減など脇役ながら、本業に積極的貢献をしている仕事になっている

以上のことから本業に貢献しつつ、かつ外部からもわずかながら収入を得ているため、本業の利益計画に及ぼす影響は、非常に小さい。これも時代の流れを半歩先取りできたからかもしれない。

これだけ長期にわたるデフレ的不況は、障害者雇用にも暗い影を落としています。私は本文で「時代の流れを半歩先取りしたから……」と書いていますが、これは決して偶然の結果と思っていません。「環境の時代」というのは、従来型右肩上がり経済発展の終焉の流れの中で、私の歴史観が教えてくれたもののように思います。この歴史観は多く本を熟読する中で自然に湧いてきたものであり、スピードを伴いながら化学変化してやまない時の流れに沿ったものであるとの認識に立ってチャレンジしてきました。正直なところ、知的障害者雇用とISO14001の環境に関するリサイクルの仕事に内心ささやかなかぼそい自信はありました。ただこれだけ長期のデフレ的不況の中で乗り切っていけるだけのリサイクル緩衝材の需要があるかについて

の不安はありました。ところが、予想を上回る需要のもと、それに見合う生産供給能力が不足し、申し訳ないと思いつつもお断りしているのが現状です。明日を見据えた私のチャレンジに、幸運の女神が微笑んでくれたような気がします。

誰もが一日も休まず出勤

当社では、現在七名の知的障害者が働いている。

岡崎さんは現在も休んでいる。大学病院の精神内科で経過観察中のため、実質休職扱いにしている。前に何度も書いたが、精神的な好不調の波が大きく、胸痛、気分が悪い、吐気がする、心臓がドキドキするなどの症状を訴えることがままあり、休む、または午前中で帰宅させることが多かった。

佐野君は、消費者金融問題はあったが、進路指導の先生のカウンセリングの結果、毎月きちっと返済を続け、すっかり精神的に回復した。リーダーとしての役割を自覚し、以来一日も休まず元気に毎日働いている。見事な復調というほかない。

今年新卒雇用した三名、トライアル雇用一名は、入社以来一度も休まず、毎朝元気な姿を見せ、気持ちよく働いてくれている。

笑いのたえない昼食時間の若者たち

本多君は、仕事の合間を縫って勉強し、とうとう車の免許まで取得したが、彼は人前では緊張のあまり、声がほとんど聞き取れないくらい小さくなってしまい、仕事の動作が非常に緩慢なところにその特徴がある。

清川君は、仕事が複数形になったりやや変形的になるとついていけないが、同じ場所の反復的に繰り返す単線的仕事などには、指導員の助言によく頑張っている。

一番変化を見せたのは、生活ホームに入った丸山さんだろうか。

自宅からの通勤のときはまともに食事も取らず、風呂にも入らず洗濯もせず、会社で仕事をしていて指導員から体に異臭を感じると言われたものだが、生活ホームから通勤することになってからすっかり変わった。環境が変わることにより、人も変わることを肌で感じた。私は、大学時代に、刑法の先生が講義の中で話したことを思い出した。「人間の意思は環境に支配されるものであるが、しかしまた人間の意思はその環境に制約されつつも、主体的にその環境に働きかけ、その環境を乗り越えていく主体的能力があるんだ」と。

当時感銘を受けた講義であっただけに、今もって忘れ難い。あれから三十五年以上過ぎた今、丸山さんの変化の中にあの先生の名講義を垣間見たような気がする。

三人の指導員の良き指導に恵まれた結果、岡崎さんを除いて誰もが一日も休まず出勤し、元気でそれぞれの持ち場の仕事に励んでいてくれることに、私の心はさわやかな満ち足りた気持ちになる。

来年も新卒で二名の雇用を予定している。合計九名になる。ますます責任の重い仕事になるが、安全に皆が休まず元気で働き、それが企業や社会の貢献に繋がる環境づくりにいっそう力を注ぎたいと思う。

「誰もが休まず出勤する」、一見あたり前のことですが、知的障害者にとっては、決して当然ではありません。彼らは精神や体調が不安定になりやすく、休むことが多かったのです。個人差はありますが、彼らは常に心の中に不安定要因を持っています。そして、会社に来てから、その不安定要因が顕在化することが多い。最大の心理的不安定要因は、自分の「心の思い」（例えば不満）を自然に、相手に表現できないことです。

それがストレスになって、心理的不安定をつくり、不自然な表情、動作、行動に現れ、最悪の場合は休んで出勤しなくなります。ですから、彼らの表情やコミュニケーションの中からこうしたストレスの種を事前に読み取る洞察力が必要になります。この洞察力によって、彼らの心の言い分を読み取り、話を聞き、尊重し、心に安定を取り戻してあげることが、彼らとの指導、交流の中でとても重要な仕事になってきます。そういう彼らの心のプロセスを理解して励ますことにより、彼らは彼らなりの自信を取り戻し、不安定要因を乗り越え元気で出勤してくることに繋がるのです。

このことを継続していくのに、私は自己の全人格をもって日々ぶつかっています。幸い私の思いが彼らに伝わったのか、本当に誰も休まず、元気に働いています。一年を振り返って思うに、彼らには「やればできるんだ」という自信がついてきています。

そして彼ら自身に自信がつくことによって、私もささやかながら、自信と誇りを抱けるのです。

環境問題に障害者全員参加する

二〇〇二年二月、とうとう障害者全員がISO14001の地球環境問題の仕事に参加することになりました。その日のことを私は、こう記録しています。

当事業所の地球環境問題にかかわる彼らの仕事は、リサイクルパッカーで、不用ダンボールを古紙のブレンドによる緩衝材につくり替えるリサイクル作業である。新聞紙上で二度取り上げられ、今では当社の知的障害者の仕事といえばリサイクル作業と思われている。しかし、毎日清掃を行っている人にも、もっとストレートな地球環境問題の仕事はないかと、その創出を考え続けていた。最近ふとしたことから、

「あった！　これだ！」

と思いつくことがあったので、早速、月末の指導員との定例会議の場で議題にした。

それは次のような仕事だった。

当事業所はISO14001にかかわる業務として、『ゴミゼロ運動』を展開している。そのツ

ールの一つとして、ゴミの分別回収の徹底を実施している。

①空缶、空ビン類　②紙パック、紙コップ類　③プラスチック類（ペットボトルなど）④リサイクルできない燃える一般紙類、⑤リサイクルできる紙類、と各フロアのオープン通路に分別回収箱を置いている。

この中で手始めに、⑤のボックスに入っている紙類を一個所に集め、整理してみた。例えば、紙についているクリップ、ホッチキス、ガムテープを取り、リサイクルパッカーでリサイクルしやすいように2個または3個のボックスに集約し、台車に載せ、リサイクル室まで運ぶ作業だ。

この仕事は可能だろうかと、三人の指導員にそれぞれ聞いてみた。検討を重ねるうち、できるのではないかと指導員は全員賛成してくれた。ただ、今までと同一時間内（九時〜十六時）でできるかどうかはやってみないとわからない、との意見もあった。私は言った。

「できる範囲からでよいから、やってみませんか」

早速一定の準備期間を置いて行動に移した。戸惑いながらも指導員の丁寧な指導の下、彼ら四人の力で成し遂げることができた。これは大成功であった。

私はうれしかった。障害者雇用の夢がまた一つ実現した。

リサイクル可能な不用紙を分別する作業

各フロアに置いてある分別回収箱

何より彼ら自身が「やればできる」という自信を持ったことが一番うれしい。

従来この仕事は、他の仕事と合わせ委託外注をしていたものだった。この仕事は、実際そう楽な仕事ではない。新聞、雑誌、開封済み空封筒、使用済みコピー紙、不用書類など、雑然と前記五つのボックスに入っているものを毎日整理するのは半端な作業ではない。本館、別館から一個所に集め、四人と二人の指導員の助言で作業しているが、この光景を見て、私は、四人の環境清掃者もリサイクル作業をしている二人も、全員が当社ISO14001の地球環境問題の仕事に参加していることを肌で感じた。

ちなみに、このことにより市の清掃局に出すゴミの量が、分別回収前の五分の一に減った。この意義は大きい。

その他、自動販売機から出る空き缶、空ビン、紙パック、紙コップについても作業条件を平易にすることにより分別回収できないものかと考え続けている。さらに、プラスチック類もある。

限られた時間の中で無理なく、安全に仕事ができるように、可能な方法を指導員とともに検討していきたいと思っている。

大事なことは、日々の仕事を通じて、厳しさと温かさを織り交ぜながら接していくことで、一人ひとりと信頼関係をつくり、そして、私が時に厳しい姿勢を見せても、彼らがそれをそれなりに理解してくれる関係をつくることだ。

彼らとの心の絆を大切にごく平常心で日々接し、人格を尊重する心を忘れずにいこうと思う。

当事業所の障害者雇用において、最も重要なことは、目的を明確にし、仕事の動機づけをはっきりさせることだと認識しています。それによって、彼らは作業の意義を理解し真剣に取り組むようになります。

今、当事業所では、環境清掃グループとリサイクルグループに分かれています。ともすると、リサイクルグループだけが脚光をあびることが多かったのですが、これは作業の公平という点で好ましくないと思っています。今、環境清掃もリサイクルもISO14001（地球環境問題）に関する省資源対策という明確な目的の下に参加しています。具体的には、清掃グループは社内廃棄物の分別回収の中でリサイクルに耐えない焼却紙類とリサイクル可能紙類に分別することに参加しています。さらに他の分別した廃棄物についても作業をしてもらおうと考えています。可能ならば、環境清掃とリサイクル作業の人員交換のローテーションも考えたいのですが、一人ひとりの知的障害者の労働能力に差があるため、なかなか実現は難しいのが現実です。

繰り返しになりますが、いずれのグループについても労働能力の差を考慮しつつ公平な扱いを基本に、社会的自立に向け明るく、たくましい知的障害者雇用を心がけたいと思います。

そしてこの五月（二〇〇二年）から、私も指導員も含め障害者全員で次の「言葉」を目標に日々自己啓発に努めています。

曰く「これからはかきくけこがとても大切な時代になる」と。（ボーカル歌手ビリー・バンバンのコンサートから）

㋕——感動と感謝（いつも感動に身を震わせ、そして働ける日々に感謝しよう）

㋖——共感と興味（皆同じ仲間であり、やわらかい感性でいろいろのことに興味〈関心〉を持とう）

㋗——工夫（毎日の会社生活で工夫のある仕事を心がけよう）

㋘——健康（仕事する上で一番大切なことは自分の健康であることを忘れぬようにしよう）

㋙——恋心（人は誰でも恋を思う。相手は人とは限らない。犬や猫など動物かもしれないし、雑草の中に咲く野辺の花かもしれない。そんな恋心を一人ひとり大切にしていこう）

以上のことを毎朝の朝礼で皆が話すときのテーマの一つにしています。

（おわり）

あとがき

「無心」で書いた障害者雇用記録がとうとうこのような本になりました。

この二〇〇一年四月～翌年三月までの障害者雇用記録は、職務上の内なる自分を納得させるためのものであり、出版など想像もしていなかったし、またそのゆとりもありませんでした。率直なところ、特にこの一年間の知的障害者雇用の日々は、私にとって精神的に激しく辛かったのです。それゆえ、この記録は、誰に語っても理解し難いであろう知的障害者雇用の、日々張りつめた現実の胸の内を語る赤裸々なものになりました。

それ以前も障害者雇用はしてはいましたが、ダウン症、自閉症、知的障害、精神障害、さらには知的障害と精神障害の重複障害などあまりにも個人差があり、彼らに接しながらも雇用上の対処の仕方がわからず途方に暮れる日々でした。特に自閉症及び知的障害と精神障害の重複障害者の雇用は困難を極めました。ただ、雇用者数が一～二名と少なかったせいか、問題が起きても不思議と余裕がありました。一方で、中途雇用者は定着性が低く、雇用しては退職の繰り返しで、「障害者雇用とは何なのか」と考えてしまうことの多い年月が続きました。

そこで、悩んだ末の結果が新卒雇用でした。幸い地元に伊勢原養護学校があり、進路指導の先生に相談したところ、話は順調に進みました。毎年、実習を重ねては雇用の可否を検討し、一～二名、時には三名の雇用を進めてきました。そして、毎年新卒を雇用してきた結果、トライアル雇用含め六名（今年四月からは八名）に増え一つの形ができました。全員十八～二十歳代の知的障害者です。指導体制も整え、新たなる出発をしました。

とはいえ、これだけの知的障害者を「戦力」として日々安全に雇用し続けて行くには、常に予期せぬリスクが伴います。加えて本文にもある通り、プライバシーと人権にかかわるデリケートな問題が次々と起こり、まさに心休まることのない日々の連続でした。この日々の記録を辛いがゆえに記録することによって、自己をいたわってきました。それだけにきれいごとでは済まされない生々しい雇用の実態の一例を、少しでも全国の多くの皆さんに知ってもらい、それでいて彼らが（他の障害者も同じ）一般人と同様、自立しながら社会生活ができるようたくましく努力している現実を理解してもらいたかったのです。これが本書出版の目的です。

しかし他方、企業を取り巻く現実に目を向けるとき、障害者にとってあまりにも厳しい現実がそこにあります。「企業は利益あっての世界」と書きましたが、企業の社会的責任を認めつつも、利益を抜きにして雇用できないのもまた現実です。トップからは「障害者雇用はボランティアではないこと」「安全が最優先」との厳命を受け、養護学校からは「甘やかさず厳しく」と付言され、かつ法律が期待する社会からは「働くことを通した精神的・社会的自立」の要請という相矛盾した四つのテーマを、同時に実現していくという極めて困難な課題を背負いました。

それゆえ、私にとりこの障害者雇用は愚才ながら私の全エネルギーを注入した全人格的陶治の集大成とも言えるような気がします。

特にこの一年間にわたる自己との戦いは、この障害者雇用記録をもってしてもなお書き尽くし難いことの連続でした。にもかかわらず、ここまで勇気を持ってチャレンジし、歩き続けてこられたのは、当社トップの理解、並びに指導員スタッフの協力のおかげです。しかしそれ以上に、当社伊勢原事業所で働く障害者たちがくれた無類の愛（エネルギー）のおかげなのではないか、と振り返ればそう思わずにはいられません。私ひとりの力など無力に等しかったように思います。

本当にいろいろなことがありました。しかし今、そのときのことを嘘の如く忘れ、明るく伸びやかにわずかずつながらも成長し、元気に働いている彼らの姿に、一種の感動を覚えます。彼らと同じ目線に立って、私の全人格をもって彼らに正面からぶつかっていったことが、彼らとの信頼の絆に繋がったとすれば、こういう仕事をやらせていただいた当社会長、及び社長に感謝するとともに、企業人として、またひとりの人間としてこの上ない喜びを覚えます。彼らとの日々の出会いの中で、私自身が明るい愛をもらい成長させてもらったという思いにかられます。

最後になりましたが、生徒が卒業し当社に就労した後も、問題の解決にご協力していただいた前県立伊勢原養護学校の麻生先生（現横浜国大附属養護学校）、出版を勧めてくれた文芸社の方々、編集を手伝っていただいた釣部人裕氏、さらにリサイクルパッカーの導入に終始アドバイスをいただいた株式会社ＮＢＳリコー後藤真氏に大変お世話になったこと、この場を借りてお礼申し上げます。

安部省吾

参考文献

『障害者雇用管理マニュアル（知的障害者雇用のためのガイド）』（社会福祉法人　電機神奈川福祉センター「障害者雇用システム研究会」）
『障害者雇用ガイドブック』（日本障害者雇用促進協会）
『働く広場』二〇〇二年七月号（日本障害者雇用促進協会）

著者プロフィール

安部 省吾（あべ しょうご）

山形県出身

1968年　中央大学法学部卒業

1968年　法律事務所勤務

1972年　伯東㈱総務部、人事部勤務

1992年　同社伊勢原事業所勤務、知的障害者雇用始める

2002年　障害者職業コンサルタント

2003年　『知的障害者雇用の現場から
—心休まらない日々の記録』出版（文芸社）

2004年　神奈川県秦野市障害者福祉企画策定委員（１年）

2005年　『知的障害者雇用の現場から［２］
—働く喜び、自立する若者たちの記録』出版（文芸社）
ＮＰＯ法人 Green Work21理事就任

2005年12月　伯東㈱退職

2006年１月　横浜戸塚就労援助センター所長就任

2006年４月　東京都教育委員会障害者就業コンサルタント（１年）

2006年５月　横浜市養聾盲整備検討部会委員（１年）

2007年４月　横浜戸塚就労支援センター顧問

2007年５月　横浜市教育委員会 障害者就業コンサルタント（３年）

2008年３月　『自立教育は中学生からでは遅い』出版（文芸社）

2009年11月　ＮＰＯ法人ｅキャリア・雇用プロジェクトＫ　認証
理事・事務局長
兼神奈川雇用サポートセンター長

2011年１月　同上　現職

E-mail　abe_s8910@ybb.ne.jp（自宅）
abe_s06ko@ybb.ne.jp（事務所）

知的障害者雇用の現場から—心休まらない日々の記録

2003年1月15日　初版第1刷発行
2011年2月15日　初版第5刷発行

著　者　安部 省吾
発行者　瓜谷 綱延
発行所　株式会社文芸社
〒160-0022　東京都新宿区新宿1－10－1
電話　03-5369-3060（編集）
03-5369-2299（販売）

印刷所　株式会社平河工業社

© Shougo Abe 2003 Printed in Japan
乱丁本・落丁本はお手数ですが小社販売部宛にお送りください。
送料小社負担にてお取り替えいたします。
ISBN4-8355-5037-4